住民課のシゴト ver.2

住民窓口研究会 編著

ぎょうせい

はじめに

前作『住民課のシゴト』が世に出てから、はや４年が経ちました。
おかげさまで前作は想像以上の好評価に恵まれ、多くの方々に手に取っていただいたことをこの場をお借りしまして厚く感謝申し上げます。

さて、前作が産声を上げたあと、それを狙っていたかのように「住民課のシゴト」の根拠法令となる戸籍法、住民基本台帳法は、マイナンバー制度を中心としたデジタル関連諸制度の変革の波を正面から受けることとなり、読者の皆さんから改訂を待ち望む声を多くいただきました。この皆さんからのありがたいご要望を受けて、この度、装いを新たに、ver.2 をお手元にお届けすることとなりました。

本書は、前回版同様、初めて住民課に配属、異動することになった皆さん、あるいは、住民の基礎情報となる住民基本台帳や戸籍の事務について学びたい、復習してみたいという方をメインターゲットに書いています。
内容を本書の構成から順にご紹介しましょう。本書では、「住民課のシゴト」を①住民基本台帳業務、②戸籍業務、そして、③住民課におけるマイナンバー業務の３点に絞って解説しています。
第１章では、市区町村の窓口の最前線を担っている住民課について、業務内容や窓口の形態などのエッセンスを解説するとともに、役所内での位置づけや役割を紹介しています。
第２章では、市区町村の区域に住む一人ひとりの住民情報の基本となる情報を作成する住民基本台帳事務と、日本国民の身分関係を登録し公証する戸籍事務を行うにあたって、それぞれの事務の法律的な位置づけを比較しながら、その事務を実施するときに注意すること、事務を勉強するときのコツ、心構えなどを紹介しています。

第３章では、住民基本台帳事務を、（１）住民票に記載されている項目を一つひとつ解説し、ついで（２）その住民票に係わる手続き、（３）住民票の閲覧事務を説明したあとに、（４）戸籍と住民票をつなげる戸籍の附票、（５）住民票の全国ネットワークである住基ネットワークの解説へと展開していきます。（６）住民票とセットになった印鑑登録とその証明事務が続き、最後には、（７）住民票の事務において近年ますます重要性の増してきたDV 支援措置についてフォローしています。

第４章では、その制度発足以来、住民課の大きな業務の１つとなったマイナンバー対応について、（１）マイナンバーの付番や住民への通知の仕組み、（２）マイナンバーカードの申請や交付方法、カードに記載されている情報などについて紹介しています。マイナンバーやマイナンバーカードが住民課の窓口を通してどのように取り扱われているかが分かると思います。

第５章では、（１）明治時代から続く戸籍制度の歴史から現代の戸籍の成り立ちと仕組みを紐解くとともに、（２）想像以上に多種多様な種類がある戸籍の届出を一つひとつ解説し、戸籍の証明について請求方法や審査のポイント、そして種類の概要を書いてみました。

最後に、付録として重要用語の解説を載せ、今回大幅に刷新、掲載を増やし、また、コラムではさまざまな話題をなるべくやさしく解説してみました。

本書は、住民課職員以外の市区町村職員をはじめ、間接的に住民基本台帳や戸籍の情報を利用する都道府県、そして国の職員の方々にも、その情報の成り立ちなどを知るうえで役に立つようにという思いも込めています。

住民課の業務は、市区町村役場・役所の最前線の窓口であり、これからの住民窓口 DX の起点です。いつもスマイル＝笑顔で住民の方をお迎えする職員であることを願ってやみません。本書が皆さんのこれからのスマイルをつくり出すことに、少しでもお役に立てれば幸いです。

令和４年８月

住民窓口研究会

目次

第3章　住民基本台帳事務を知ろう！

第4章　マイナンバー対応

1

第１章

住民課とはどんなところ？

役所での位置づけと役割

Ⅰ 住民課に配属が決まった皆さんへ

住民課はまさしく役所の「顔」です。

他の課は市区町村によって配置場所がバラバラなのに、多くの自治体では、住民課は正面玄関から見て最初に目に入る位置、つまり、一番の特等席に位置していることがほとんどです。

また、あなたが公務員になる前に思い浮かべていた「役所」という絵はどんなものでしたか。窓口に来た住民と申請書を受け取っている職員の姿、そんな風景を思い浮かべていたのではないでしょうか。

年間を通して最も来庁者が多い職場、それが住民課です。つまり、住民が思い描く役所のイメージに最も当てはまる職場が住民課なのです。

住民課の業務は、ライフイベント（出生、死亡、婚姻、離婚、引越し）に関わる手続きを行い、身分に関する証明や住居に関する証明を発行しています。これらはすべての住民が関係することです。そのため、窓口には老若男女、日本人、外国人、障がいや疾病を抱えている人といった、ありとあらゆる人が訪れます。

一方で、住民の多くは役所を頻繁に訪れることはありません。数年に一度訪れるかどうかという方がほとんどです。そんな数少ない機会で訪れた窓口が、その方にとっての「役所」の印象となるのです。

したがって、来庁者の多い住民課の職員は、「役所＝住民課」とイメージされることを十分に自覚しておく必要があるでしょう。

また、住民課は役所の業務の「基礎」でもあります。

住民課の住民情報というものは、役所の業務の基礎データになります。政策判断を行う際も、事業計画を立てる際も、はたまた国民健康保険証の発行にも、児童手当の該当者抽出にも、あらゆる業務を行うには住民の情報が必要であり、その基礎データを作成・管理しているのが住民課です。住民課の情報がなければ、他の課の業務は成り立ちません。

ほとんどの市区町村のウェブサイトには、人口、男女比、世帯数などの統計データが公開されています。これも住民課の住民データが基礎となっているものです。

このように、役所の「顔」であり「基礎」である住民課は、住民にとって最も身近な課であり、役所のあらゆる業務に関わっているのです。

住民課は、市区町村の規模にもよりますが、役所の他の部署とも比べて所属する職員数が多い部署です。また、住民課の業務は幅広く、課のなかでどの業務に携わるかによっても大きく異なります。

住民課の場所は、正面玄関のそばに位置していることが多いようです。住民課の業務が窓口業務を中心に行われていることから、住民が来庁してすぐに立ち寄れる場所に設置されているからです。したがって、住民と接する機会がもっとも多い課であり、住民の要望や意見も直接聞ける機会も非常に多い役所の最前線の職場です。

住民課に配属が決まると、周りの人からの反応は「よかったね」「大変だね」などとさまざまです。役所に就職して初めて配属された部署が住民課だったという方もいらっしゃるでしょう。初めての環境で上司や先輩の説明が頭に入らず、初任者研修後に「窓口に立ってもらう」などと言われてパニックになっているかもしれません。

また、異動は、役所・役場に勤務していると、切っても切れない一大イベントではないでしょうか。多くの市区町村で事前に内示があり、その日は、なんとなく落ち着かない雰囲気に包まれます。今までの職場が合わず、異動希望を出していたとおりの異動ができた場合もあれば、希望していない異動となった場合、異動の希望はしていたけれど、配属先が希望と異なった場合など、いろいろな思いを抱えているかと思います。

いずれにしても、これからの数年間、自分はこの職場でどのようにしていったらいいのかと悩むこともあります。配属先での新しい仕事はどんな仕事か、職場の人はどんな人たちだろうかといったことは、誰でも思うところです。しかし、住民課に在籍していた時期があることは、長い役所人生において決してマイナスにはなりません。

それは、なによりも住民の基本となる情報（データ）の登録を行っている課であり、いろいろな業務に密接につながっていることにあります。したがって、これからの役所人生を過ごすためには、住民の基本となる事柄を覚えるよい機会と捉えて、住民課での数年間を過ごしていただければと思います。

COLUMN

市区町村か市町村か？

地方自治法では、都道府県と対比して、市町村は「基礎的な地方公共団体」と定められていますが、一方で、東京都に23ある特別区も基礎的地方公共団体と規定し、「市町村が処理するものとされている事務を処理する」としていますので、本書では「市区町村」で用語統一しています。

なお、指定都市（政令指定都市、政令市、指定市などといわれることもあります）にある行政区は、独立した地方公共団体とはなりえませんので、この「区」には含まれません。

ところで、東京都では、区部の人口が多いため公的には「区市町村」と呼びます。都以外では、市町村と呼ぶ方が一般的かもしれませんが、特別区の職員である本書の一部執筆者は「区市町村」と書きたくてうずうずしていたとか。

地域によってこんな用語の使い方が異なるなんて、おもしろくありませんか？ほかにもあるでしょうか？　ぜひ、皆さんも探してみてください。

Ⅱ 住民基本台帳＋戸籍＝住民課の二大業務

1 はじめに

住民課の業務は非常に幅広く、市区町村によって、その部署の名称も異なります。しかし、どの市区町村においても必ずある二大業務があります。1つが住民基本台帳事務であり、もう1つが戸籍事務です。そして、それぞれの事務には、付帯事務といわれる事務が付随して行われています。

これらの業務をまとめると、図1-1のとおりです。

図1-1 住民課の主な業務

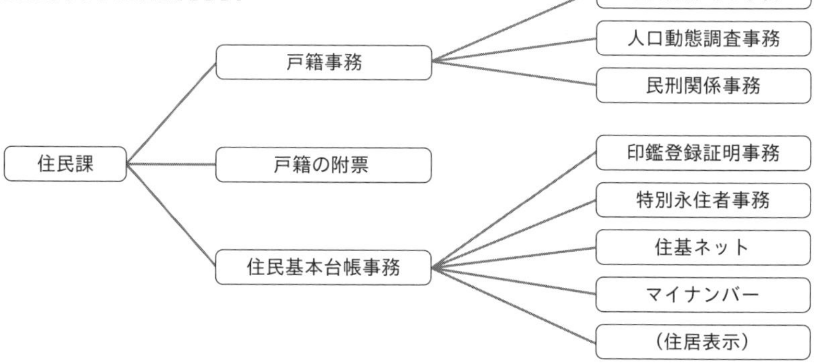

詳細は後述しますが、ここでは業務の概要を説明します。

２　住民基本台帳事務

（１）住民基本台帳事務とは

①　基本

住民基本台帳は、市区町村を構成する住民の居住関係の登録、選挙人名簿の登録等、住民の基本となるべき情報を登録し管理するものです。そして、住民基本台帳事務とは、これらの住民の基本となる情報の登録・保管・管理といった、行政の根幹をなすべき重要な事務です。

住民基本台帳事務は、居住関係の登録、すなわち住民異動の届出とその公証、住民票の写しの交付、住民の記録の正確性を担保する目的から各種通知などの事務や国民健康保険、介護保険、後期高齢者医療、選挙人名簿等庁内の多くの部局への連絡等の事務を行っています。

また、最近では個人番号カード（以下「マイナンバーカード」といいます。）の交付事務や公的個人認証の事務もあります。これらの事務についての詳細は後述します。

なお、平成24年７月９日から住民基本台帳法等の改正により外国人住民もその対象となりました。

②　事務の性質・性格

市区町村の事務は、地方自治法第２条により、「自治事務」と「法定受託事務」に分類されていますが、住民基本台帳事務は、その市区町村の基本となる住民の登録に係る事務として、「自治事務」に分類されています。したがって、市区町村にある程度の裁量が許されています。

③　居住関係の届出

市区町村を構成する住民を特定するために、住民がその市区町村に居住することになった場合等においては、各種届出によって住民基本台帳に登録します。その届出についてまとめたものが、表1 - 1です。

表１-１　住民基本台帳の届出

届出の種類		届出期間	届出地	届出義務者	概 要
転入届		転入をした日から14日以内	住所地	本人または世帯主	新たに市区町村の区域内に住所を定めたとき
中長期在留者等の転入届			住所地	本人または世帯主	外国人住民の国外からの転入
転居届		転居をした日から14日以内	住所地	本人または世帯主	同一市区町村内で住所を変更したとき
転出届		あらかじめ	住所地	本人または世帯主	他の市区町村の区域内に住所を移すとき
世帯変更届	世帯合併	変更があった日から14日以内	住所地	本人または世帯主	同一住所にある既存の２つの世帯を１つにするとき
	世帯分離				同一住所にある既存の１つの世帯を２つにするとき
	世帯変更				同一住所にある既存の世帯間の世帯員の異動
	世帯主変更				当該世帯の世帯主の変更
	続柄変更				外国人住民の世帯主との続柄の変更

（２）付帯事務

①　印鑑登録証明事務

印鑑登録証明事務は、市区町村固有の事務とされ、国の定める法律ではなく市区町村において制定した条例、規則、要領等に基づいて行われています。

印鑑登録証明書は、不動産の登記や自動車などの登録、売買契約、遺言書等の公正証書の作成等の際に利用されています。その目的は、本人の同一性の判断の１つとされています。

事務処理は、印鑑の登録と証明の２つになります。本人が登録する印鑑を持参し、押印した印影を光学画像読取装置（スキャナー）で読み取り、磁気ディスク等に記録したものを打ち出して、印鑑登録証明としています。

②　特別永住者事務

平成24年7月9日にそれまでの外国人登録法が廃止され、日本国籍を有しない者で、市区町村に居住する中長期在留者、特別永住者等は、「外国人住民」として、住民票に記載する対象となりました。

従来、外国人に交付されていた「外国人登録証明書」に代わって、「在留カード」と「特別永住者証明書」が交付されることになりました。「在留カード」は、法務省（入国管理局）で交付手続きを行っています。

③　住民基本台帳ネットワークシステム事務

平成11年の住民基本台帳法の改正により、平成14年8月5日から住民基本台帳ネットワークシステム、いわゆる住基ネットが稼働しました。

住基ネットでは、住民票の記載事項に11桁の住民票コードを加え、行政機関等に対する本人確認情報の提供や市区町村の区域を越えた住民基本台帳に関する事務の処理を行うため、地方公共団体共同のシステムとして、各市区町村の住民基本台帳のネットワーク化を図りました。

後述するマイナンバー制度発足のため、住民基本台帳カードの新規発行は平成27年末で終了しましたが、マイナンバーの付番などのために住基ネットを維持管理する事務は引き続き行われています。

④　マイナンバー関連事務

平成25年5月31日に公布された番号利用法及び住民基本台帳法に定められたマイナンバーを付番（生成）し、通知する事務や、マイナンバーカードを交付する事務、そして公的個人認証の登録事務などがあります。

今後、さまざまな分野で利用拡大が見込まれているマイナンバー関連事務ですが、その番号の指定や本人確認等の制度の根幹をなす事務を行っています。

図1-2　住民基本台帳ネットワークシステム

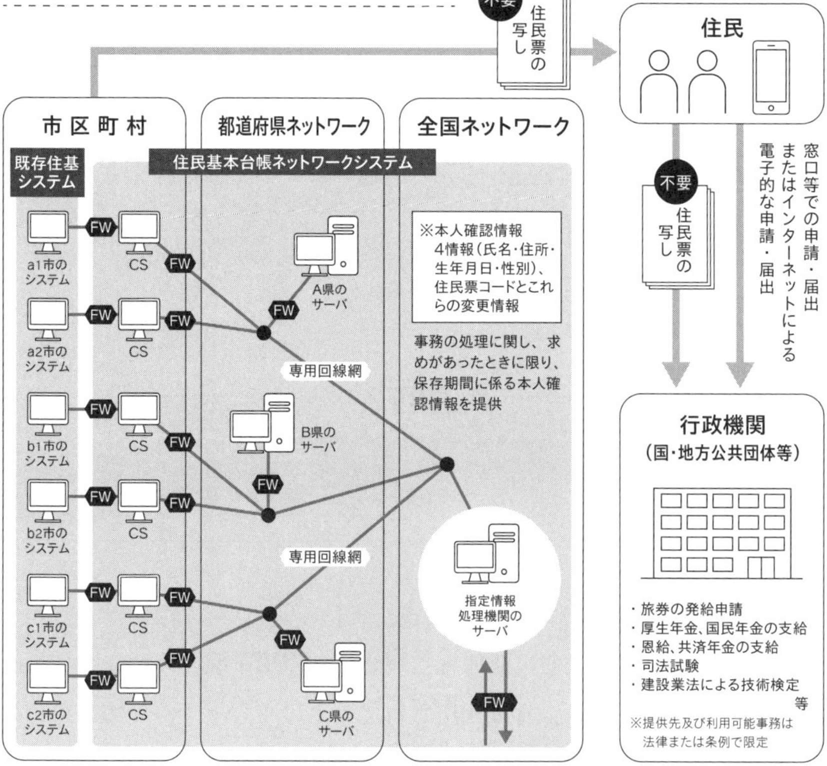

※CS（コミュニケーションサーバ）…各市区町村に既に設置されている住民基本台帳事務のためのコンピュータと住民基本台帳ネットワークシステムとの権渡しをするために新た に設置するコンピュータ
※FW（ファイアウォール）……………不正侵入を防止するコンピュータ

総務省ウェブサイトをもとに作成

3　戸籍事務

（1）戸籍事務とは

①　定義

戸籍事務とは、日本国民の身分関係を登録し、公証する事務といわれています。身分関係とは、出生、婚姻などを指します。これらの身分関係を、出生届、婚姻届といった届出等により、その内容を戸籍簿に登録します。戸籍簿に登録した内容を戸籍全部事項証明書や戸籍謄本によって公証します。

住民課に配属され、戸籍を担当することになると、これらの届出を受ける事務と証明を発行する事務があることがわかります。市区町村によって、これらの事務をすべての職員が行っている場合と、届出の担当と証明の担当に分かれて行っている場合があります。これをまとめると、図1-3のとおりです。

図1-3　住民課の主な戸籍事務

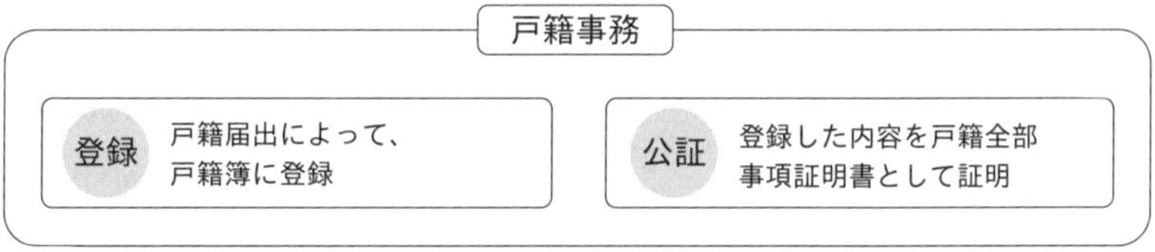

②　戸籍の利用

届出等により登録した戸籍簿は、戸籍全部事項証明書等によって証明すると、それらはどのように利用されているのでしょうか。大きく分けると「公的な身分関係」と「私的な身分関係」の利用になります。

戸籍には日本国民以外は登録されません。そのため、「公的な身分関係」は、日本国籍の証明として利用されています。たとえば、海外渡航の際に必要なパスポートを取得するときには必ず戸籍によって日本国籍を証明したうえで申請することになります。戸籍によって日本国籍が認められて、初めてパスポートの発給を受けることができます。

「私的な身分関係」は、民法に定められた親子関係、夫婦関係等の親族関係、成年・未成年といった身分関係による相続や親権、取引や婚姻の能力といったことを証明するときに利用されています。これらをまとめると、表1-2のとおりです。

表1-2　戸籍の利用

	身分関係	利用目的
公的身分	日本国民	日本国籍の証明
私的身分	親子関係	相続・親権
	夫婦関係	相続
	兄弟姉妹関係	相続
	成年・未成年	取引・養子、婚姻の能力

③　事務の性質・性格

戸籍事務は、住民基本台帳事務の自治事務と異なり、「法定受託事務」に分類されています。そして、第１号と第２号の２種類ある法定受託事務のうちの、国が本来果たすべき役割にかかわる事務とされている第１号法定受託事務に分類されています。

戸籍事務は、民法・戸籍法等の戸籍関係法令にその事象をあてはめて解決する事務といわれ、全国統一的な事務処理が求められています。「常識的な判断や便宜的裁量が許されない事務」ともいわれていますが、これも法定受託事務の特性であるかと思います。

したがって、戸籍事務を理解するためには、民法・戸籍法等の戸籍関係法令や明治から続く先例を理解することが早道といえます。

④　戸籍事務管掌者

戸籍事務は、戸籍法第１条第１項により、市区町村長が管掌するとされています。「管掌する」とは、「市区町村長が自らの名で戸籍事務を処理する。」ことと解されています。したがって、出生届や婚姻届の宛先も市区町村長宛であり、証明書を発行するときも市区町村長名で作成し、発行します。

なお、戸籍法第１条第１項では、市町村長と表記されていますが、同法第４条において、戸籍法中、市、市長及び市役所に関する規定は、特別区においては特別区、特別区の区長及び特別区の区役所に、政令指定都市においては区及び総合区、区長及び総合区長並びに区及び総合区の区役所にこれを準用すると規定されていますので、戸籍事務管掌者としては、市区町村長と読み替えます。

⑤　事務処理

事務処理は、全自治体1,724*のすべての市区町村において、法務大臣の指定を受け、戸籍簿を磁気ディスクにより保管・管理することをはじめとした電子情報処理組織、いわゆるコンピュータにより行っています。＊政府統計ポータルサイト（令和４年５月現在）より

この戸籍総合システムは、法務省民事局の通達に基づきプログラムされたシステムが使用されており、どのメーカーのシステムでも画面のデザインなどは異なりますが、基本的な仕様は同一となっています。

なお、一部、従来からの紙戸籍で保管している戸籍があり、それらは処理方法も異なります。

⑥　所管・事務処理の基準

戸籍事務の主務大臣は法務大臣であり、所管は法務省民事局の所管となります。そのため、戸籍法第３条において、法務大臣は、戸籍事務を処理するにあたり、よるべき基準を定めることができるとされています。そして、法務省の出先機関である法務局の長は、戸籍事務の処理に関して必要がある場合、報告を求めたり、または助言、勧告をしたりすることができるとされています。さらに、戸籍事務を適正に処理するために指示をすることもできるとされています。それぞれの市区町村にはおいては、管轄の法務局または地方法務局がどこになるのか把握しておきましょう。

戸籍事務は、ある意味、法令等により厳格な事務処理が定められており、法令のとおり処理すれば、正しい処理ができます。

（2）付帯事務

①　埋火葬許可の事務

墓地・埋葬等に関する法律第５条において、埋葬、火葬または改葬を行おうとする者は、市区町村長の許可を得なければならないとされ、死亡または死産の届出を受理した市区町村長が許可するとされています。

したがって、死亡届や死産届を受理した場合には、火葬許可証や埋葬許可証を発行することになります。

また、一度埋葬した墳墓、納骨堂から別の墳墓、納骨堂に移すことを改葬といい、この許可も住民課で行っています。

②　人口動態調査事務

日本国民の人口の動態を調査する目的から、出生、死亡、死産、婚姻、離婚の届出を受理したときは、人口動態調査票を作成し、その市区町村を管轄する保健所長に提出しています。

③　民刑関係事務

選挙人名簿の調製や法令等で定められている各種欠格条項等の証明のため、民事関係名簿（法定後見人や破産者の名簿）や刑事関係名簿（犯罪人名簿）を調製し、一定の機関からの照会等に応じています。

4　戸籍の附票

（1）戸籍の附票とは

戸籍の附票とは、市区町村の区域内に本籍を有する者について、戸籍を１つの編製単位として作成されるものです。

住民票、戸籍に記載されている共通の事項、氏名、出生年月日、本籍及び筆頭者の氏名、父母との続柄（性別）を媒介として、両者のこれらの事項を一致させて、住民に関する記録の正確性を確保する目的で調製されています。

これらをまとめると、図1‐４のとおりです。

図1-4　戸籍の附票とは

編製地	・市区町村の区域内に本籍を有する者
編製単位	・戸籍を１つの編製単位として作成される
媒 介	・住民票に記載されている事項、戸籍に記載されている事項 ・氏名、出生年月日、本籍及び筆頭者の氏名、父母との続柄（性別）
関 連	・戸籍の記載と住民票の記載を相互に関連させ、両者の記載を一致させる
目 的	・住民に関する記録の正確性を確保するためのもの

（2）戸籍・附票・住民票の関わり

戸籍の附票は、戸籍と住民票とを密接に関連させ住民の基本情報を通知により一致させています。その関係をまとめると、図1-5のとおりです。

図1-5　戸籍・附票・住民票の関わり

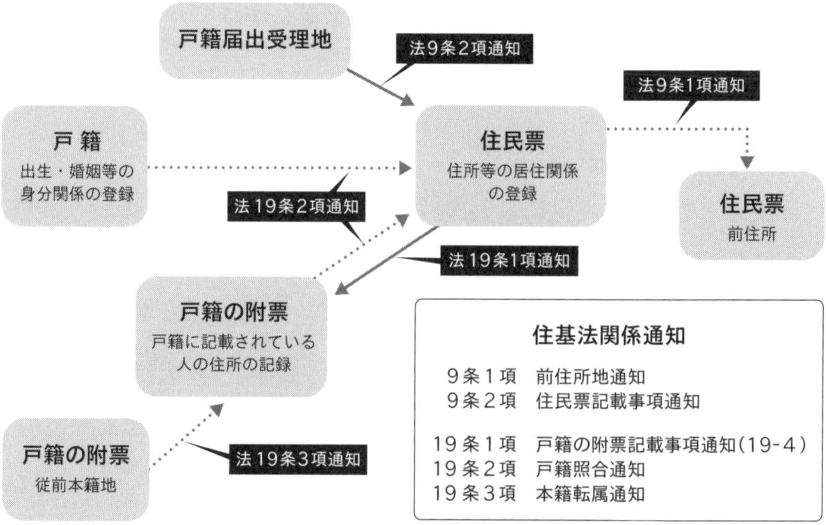

※住民基本台帳法の改正（令和３年５月31日法律第17号）により、令和５年には、９条関係は９条３項により、19条関係は19条４項により、すべて、電気通信回線により送信し通知することとされています。

（３）戸籍の附票の利用目的

①　通知

戸籍法等に基づく通知を本人あてに行う場合に、戸籍の附票に記載されている住所あてに郵送しています。

②　実態

過去における住所の履歴を証明する必要がある場合に利用しています。たとえば、車の名義変更で登録当時の住所の証明が必要である場合、車の売買で購入当時の住所の証明が必要である場合、不動産の相続登記で登記簿上の住所を証明する必要がある場合などが該当します。

（４）根拠法令・所管

戸籍の附票の根拠法令は、「戸籍の」とありますが、戸籍法ではなく、「住民基本台帳法」が根拠となります。具体的には、図１‐６のとおりです。

主務大臣は、総務大臣と法務大臣で、２大臣の共管事項とされています。

図１‐６　戸籍の附票の根拠法令

1 住民基本台帳法
（昭和42年法律第81号）
「第３章 戸籍の附票」

2 住民基本台帳法施行令
（昭和42年政令第292号）
「第３章 戸籍の附票」

3 住民基本台帳事務処理要領
（昭和42年10月4日法務省民事甲第2671号法務省民事局長、自治省行政局長等から各都道府県知事あて通知）

4 戸籍の附票に係る磁気ディスクへの記録、その利用並びに磁気ディスク及びこれに関連する施設又は設備の管理方法に関する技術的基準
（平成６年11月21日法務省・自治省告示第１号）

5 戸籍の附票の写しの交付に関する省令
（昭和60年12月13日法務省令、自治省令第１号）

5　窓口の形態

住民課の業務は、窓口業務がそのほとんどであることは前述のとおりですが、その窓口の形態は、市区町村の規模や職員の配置数等によってさまざまです。どの形態をとっても一長一短があるように思います。

以下では主な形態を整理しました。これ以外にも折衷的な窓口もあります。

（1）事務ごとの窓口体制

住民基本台帳事務でいえば、住民異動届出の窓口、印鑑登録の窓口、住基ネット、マイナンバーや公的個人認証の窓口、戸籍事務でいえば、戸籍届出の窓口、戸籍証明の窓口というように、事務ごとや基本となる法令ごとに窓口を設置している体制です。これらは、戸籍事務の届出、証明を取り扱う戸籍の窓口、住民票の届出や証明、印鑑登録証明等の事務を取り扱う住民票の窓口と分かれている体制もあります。また、戸籍や住民票の写しなどの証明だけを取り扱っている窓口を設けているところもあります。

この窓口体制の場合は、根拠となる法令が主に１つであり、職員の専門知識が高められるといった利点がある一方、同じ課内の他の業務がわかりにくくなるといった弊害もあります。

（2）事務処理の流れによる窓口体制

直接住民と関わる窓口の事務と内部事務に分けている体制もあります。戸籍事務でいえば、戸籍届出を窓口で受付・審査等を行う事務と窓口のない内部で戸籍の編製や関連する事務などを行うといった体制です。

一例として、内部での事務に従事して基本的な事項を習得した後に窓口業務にあたるといった体制をとることもあります。この体制の場合には、内部で十分な職務知識を持ったうえで窓口業務にあたりますから、住民の要望を的確に捉え、誤りのない業務に結び付けることができます。しかし、片方のみに従事していると、全体の流れがつかめないなどの弊害も生まれます。

なお、窓口を事業者に委託し、内部での決定処理のみを職員が従事する窓口体制も徐々に増えてきているようです。この場合は、事業者に対する個人情報管理の徹底を図ることが何より大切ですが、窓口での住民との接点が減ってしまうことをどのように補うかが課題となります。

（3）総合窓口体制

この体制は、1つの窓口で戸籍の届出や住民異動の届出、戸籍証明、住民票の写し等の証明などすべてを取り扱う体制です。前項までの体制は主に中規模以上の市区町村で採用されるケースが多いですが、小規模の市区町村は、ほぼこの体制を取っていることと思います。住民からは、1つの窓口ですべて済ませられる利点がある一方、担当職員は、幅広く業務知識を習得する必要があり、現在のようにそれぞれの業務が高度になってくると非常に大変です。

市区町村によっては、戸籍や住民票の業務のほか、国民健康保険等の他の住民異動に伴う多くの業務をいわゆるワンストップサービス（すべてのサービスを1か所で受け付ける）として提供する総合窓口として住民課が担当している場合もあります。

（4）出先機関

市区町村の規模や市町村合併の経緯などにより、支所、出張所といった出先機関を設けて、住民課の業務を行っている市区町村もあります。市区町村の面積等によって、役所の窓口まで行くのが不便という地域がある場合などに設けられています。

出先機関での業務の範囲は、市区町村によってまちまちであり、単に証明発行のみを行っている場合や本庁の住民課と同等の業務を取り扱っている場合などがあります。

（5）夜間・休日の窓口

最近の住民生活の多様化により、住民の利便性を考慮して、通常の執務時間外にも窓口を開設している市区町村が増えています。夜間・休日の窓口の形態はさまざまであり、次のような例があります。

○夜間の窓口

平日の窓口開設時間を一定時間延長。

市区町村によっては、特定の曜日などの窓口開設時間を時間延長としている場合もあります。

○休日の窓口

土曜・日曜・祝日などの休日でも窓口を開設。

毎週窓口を開設している市区町村もあれば、月１回程度、特定の日としているところもあります。

これらの窓口の多くでは、通常の執務時間内とは異なり、取り扱う業務が証明のみなど限られている場合が多いようです。

また、証明のみを取り扱う窓口として、市区町村内のターミナル駅やショッピングモールなどに窓口を開設し、証明発行を行っている市区町村や、マイナンバーカードの交付対応を行っている例もあります。

執務時間以外に窓口を開設している場合は、当然に勤務体制も変わり、変則勤務職場となります。

（6）オンライン窓口

これからの人口減少時代を見越し、また、新型コロナ対策を契機とした対面窓口の見直しを契機に、国はデジタル技術を活用した住民サービスの向上や効率化の推進などを求め、「行政サービスのオンライン化実施の３原則」を以下のように定めています。

１．デジタルファースト

個々の手続き・サービスが一貫してデジタルで完結

２．ワンスオンリー

一度提出した情報は二度提出が不要

３．コネクテッド・ワンストップ

民間を含む複数の手続き・サービスを一元化

また、デジタル行政推進法の施行により行政手続きのオンライン化が地方自治体の努力義務となりました。住民課の窓口については、他の行政窓口と同様に、今後、上記３原則に基づくオンラインを利用した各種手続きが拡大していくものと思われます。その際には、出生、転入、転居、婚姻、死亡など住民課の窓口が起点となるライフイベントに関する新たな窓口のあり方そのものが問われるものとなるかもしれません。

多くの市区町村で導入されているコンビニ証明書発行サービス（第４章で解説）も広い意味ではオンライン窓口の１つといえると思いますし、そのマイナンバーカード交付にあたって交付申請のオンライン化はすでに実現しています。また、一部の市区町村では、すでにカード窓口受領予約システムを導入するなど、住民課も今まさにオンライン窓口の黎明期といった時代に突入しています。

なお、国が令和４年に定めた「デジタル社会の実現に向けた重点計画」では、「住民のライフイベントに際し、多数存在する手続をワンストップで行うために必要と考えられる手続」の分野で「転出届」と「転入予約」がオンライン化を実施する行政手続きとして挙げられています。

たとえば、申請者自身の住民票や戸籍証明等の交付申請手続きを、本人確認にマイナンバーカードによる電子署名方式を用いてオンラインで受け付けている市区町村があります。このオンライン申請では手数料や郵送料の支払いはクレジットカード等によるキャッシュレス決済となるため、申請者は定額小為替や返信用の切手を用意する必要もなくなります。クレジットカード決済業務を含めて電子申請の受付を業務委託している例もあります。こういったオンライン化のメリットが生じる一方で、相続や第三者請求等については、請求内容によって必要となる記載事項や疎明資料が異なるため電子申請の対応外とされていることが一般的です。

制度変革期にある現状では、このように本人認証の方式が限定されるなど手続きによって法令等で制限があることにも十分に配慮をして事務を行うことが必要です。

いずれにしましても、住民課を含めたさまざまな行政サービスのオンライン化の要であるマイナンバーの公的個人認証（第４章で解説）の主管としても、住民課の窓口の重要性はますます高まってくるものと思われます。常に法改正等の状況をウォッチして適切かつよりよいサービスを展開するように心がけましょう。

（７）宿直・夜間巡視

民法で規定される婚姻や養子縁組などの人の身分関係については、その届出を受理することによって、その効力が発生します。そのため、戸籍の届出は、執務時間に限らず、24時間受付しなければならないとされています。そのため、宿直室や夜間巡視職員が執務時間外に提出された届書を執務時間外に受領しています。

COLUMN　あなたのまちの申請書

住民のなかには、「自分が取得すべき証明書がよくわからない」「どの申請書にどのように記載したらよいのかわからない」などの悩みを抱えたまま、来庁する方もいます。そんなときに気軽に質問できるよう、フロアスタッフを記載台近くに配置して、申請書の作成補助をしている市区町村も増えています。

住民課に配置される最初に覚えるべき帳票の１つが、証明書交付申請書ではないでしょうか。初めから申請書の内容をすべて理解するのはとても難しいと思います。実は、証明書の交付申請に必要な項目の大部分は全国共通なのですが、運用にあわせて独自の改善が重ねられた結果、申請書様式は各市区町村で異なっているのが現状です。

ところで、申請書は何のためにあるのでしょうか。住民票や印鑑登録証明書など交付を受けるためには交付申請書を、住所変更では住民異動届を提出します。しかし、住民が求めているのは、「証明書をもらうこと」、「住所を変更すること」であって、申請書や届書を書くために来庁しているわけではありません。そのように考えると申請書や届書とは、「職員が申請内容を確認し、効率的に処理し、記録として残すためにある」ともいえそうです。

住民課担当者にとっては使い慣れたわがまちの申請書ですが、多くの住民は、住民課に訪れるのは年に１回あるかないか。私たちも不慣れな他団体の申請書で記入してみてはどうでしょう。住民の気持ちが少し体験できるかもしれません。

2

第２章

住民課職員としての心得とシゴトのコツ

Ⅰ 住民基本台帳事務と戸籍事務の性格

第１章で解説したとおり、住民課の二大業務である住民基本台帳事務と戸籍事務は、地方自治法第２条の「自治事務」と「法定受託事務」の２つにそれぞれ分類されています。

自治事務とは、法定受託事務以外の事務をいいます。

法定受託事務とは、都道府県や市区町村が処理することとされる事務のうち、

① 国が本来果たすべき役割に係るものであって、国においてその適正な処置を確保する必要があるもの（第１号法定受託事務）

② 都道府県が本来果たすべき役割に係るものであって、都道府県においてその適正な処置を確保する必要があるもの（第２号法定受託事務）

の２種類があります（地方自治法別表第１及び第２）。

そして、住民基本台帳事務は「自治事務」、戸籍事務は「第１号法定受託事務」に分類され、市区町村の役割や国からの関与など事務の性格が大きく異なっています。

自治事務と法定受託事務のそれぞれの事務の違いについては、本書では紙幅の都合上、割愛しますが、本章ではそれぞれの事務について、自治事務と法定受託事務の違いを念頭に解説したいと思います。

皆さんもすでによく理解されているとは思いますが、地方自治法は私たち職員が事務を行っていくための基本の法律です。少しでも不安に思うことがあれば、法律を直接ひも解くなどあらためて確認しながら読み進めてください。

図2-1　地方公共団体の事務

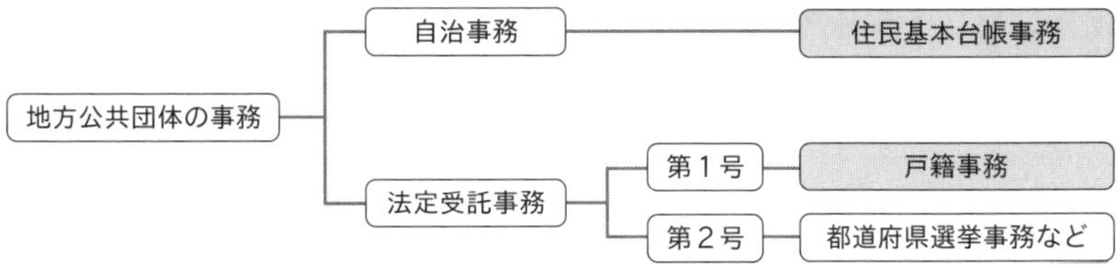

図2-2　戸籍事務に関する関与（戸籍法第3条）

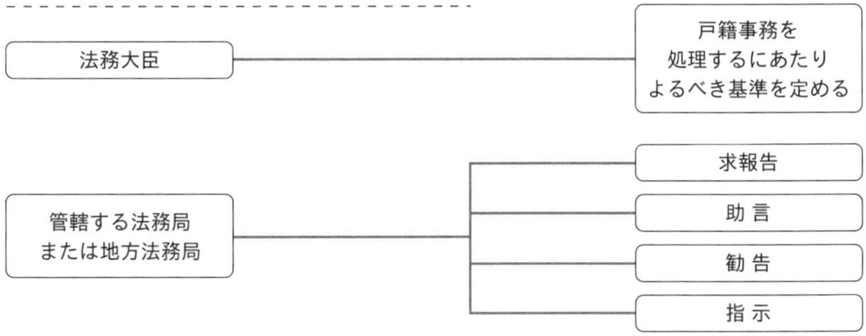

COLUMN　世帯は部署によって異なる?

住民基本台帳上の世帯を「住基世帯」と呼ぶことがあります。

これは、国民健康保険や介護保険料などを所管するそれぞれの部署の法規において「世帯」の考え方が微妙に異なることからきています。

しかし、これら国民健康保険課や介護保険課などの各部署の「世帯」の考え方についてもそのベースは「住基世帯」であり、各部署の「世帯」はその派生形であるといえます。一方で、選挙の投票所入場券やこれらの業務規定によらない給付金の支給などは、住基世帯を基準として行われることがほとんどです。

そのため、「住基世帯」の設定を誤ると課税対象となる世帯や料の賦課、給付の基準となる世帯の設定に影響を及ぼし、住民とのトラブルに発展することもあります。

みなさんにもぜひ他部署の世帯の考え方を学び、住民登録が庁内の各業務にどのような影響があるかを理解してみてください。

Ⅱ 住民基本台帳事務担当者が心がけること

まずは、住民基本台帳事務の担当となったときの心得を記します。

住民基本台帳事務は「自治事務」にあたるため、戸籍事務とは性質がだいぶ異なります。戸籍事務と比較すると裁量の範囲が大きく、市区町村による違いが認められるものが多くあります。そのため、後述する内容は、必ずしもあなたの市区町村と状況が同じとは限りません。自らの状況と比較しながらご一読ください。

1　役所の「顔」と「基礎」としての自覚

住民課の業務は、大きな変革期を迎えています。たとえば、令和6年に運用開始される戸籍のマイナンバー情報連携では、戸籍届出や年金をはじめとした行政手続きで戸籍証明の添付が不要となります。

本籍が他の市区町村にある住民にとって身近な窓口で戸籍証明が請求できるなど業務全体に大きな影響があることでしょう。また、令和元年に施行されたデジタル行政推進法では、各種手続きのオンライン対応が市区町村の努力義務とされているため、来庁しなくても証明書の請求や届出ができる手続きを増やすなど、窓口と電子申請でのハイブリッドで対応していかなくてはなりません。

業務の内容がどんどん変わっていくのですから、当然、業務のやり方も変えていく必要があります。今がベストな業務体制だと思っていても、常に3年後、5年後を見据えて変化の方向性を把握し、よりよい方法は何なのか、常に考えながら業務に取り組んでいきましょう。

2　さまざまな「顔」の形

ひとくちに窓口といっても、その形態は市区町村で実にいろいろです。取り扱う業務の数の違いはもちろん、ハイカウンターやローカウンターといったカウンターの形状も違います。どの形だからいいというものではありません。人口規模、職員体制、執務スペースの広さなど、いろいろな条件を考慮したうえで市区町村の独自色が出ているのが住民課の窓口なのです。他の市区町村の庁舎へ行く機会があれば、住民課の窓口も覗いてみてください。あなたのいる住民課の窓口と違うところがたくさん発見できるはずです。

あなたの役所では、住民課でどこまでの手続きを行っていますか。戸籍事務や住民基本台帳事務、マイナンバー関連事務以外の関連手続きをどこまで取り扱っているかは市区町村でさまざまです。住民課での手続きが終わると次の課の窓口へ行って手続きを行うよう案内をするところもあれば、総合窓口やワンストップ窓口と呼ばれる窓口機能を住民課が担ってライフイベントに関連する手続きについては一括して受付を行うところもあります。

3　サービスの形、働く人の形

住民サービス向上の１つとして、平日日中の来庁が難しい人の需要に応えるため、平日夜間や土・日曜の開庁、繁忙期である３・４月の土・日曜に臨時開庁を行う市区町村も増えてきています。

窓口の開庁時間の長さは住民サービスの向上につながる一方で、職員のシフト管理や業務分担が適切に行われて初めてうまく機能するものです。職員の負荷や業務に支障をきたさないような工夫が求められます。国の総人口が減少していくなか、市区町村の職員数が増えることはおそらくないでしょう。今後は住民サービスを維持しつつ、職員負荷の軽減をいかに図るかが重要となります。

そうした負荷軽減の1つの手段として、窓口業務のアウトソーシングが進むなど、職員は、正職員、再任用職員、臨時的任用職員（育休代替等）、会計年度任用職員、派遣職員とさまざまです。職員の種類によって取り扱う業務に違いがある場合は、職員間の引継ぎを円滑に行うためのルールや手順をしっかり定めておく必要があり、何よりも互いの協力が必要不可欠です。

また、近年はデジタル技術を活用した業務改善（デジタル・トランスフォーメーション、DX）が求められており、今後は住民課の窓口のあり方も大きく様変わりしていくことが想定されます。

4　求められる知識と能力

役所の仕事は大きく２つの点に分けることができます。１つは、法令に基づく事務を適正に執行する場であること。もう１つは、住民にサービスを提供する場であることです。

これは住民課においても同じです。住民課に配属されたからといって特別な能力が必要なわけではありません。他の課に配属された場合と同じく、社会人として求められる基本的なことに何ひとつ変わりはないのです。それを踏まえたうえで、あえて住民課に必要な知識と能力を挙げてみたいと思います。

役所での異動は、まるで違う会社に転職したかのように仕事の内容が変わります。まったく分野の異なる課に異動となると、勤続年数が長い職員でも、その分野に限っていえば新規採用職員と何ら変わるところはありません。不安なのはベテランも新人も同じです。受け入れた住民課の職員も、あなたがどんな人なのか、どんな働きをしてくれるのか、期待と不安を持っています。

ただ何よりも必要なのは、あなたが住民課の仕事に興味をもち、前向きな姿勢で取り組んでいくことです。来年になれば新しい職員が配属されるでしょう。そのときあなたはもう先輩です。数年後には住民課を牽引する立場となっているかもしれません。そのときに、今あなたが経験していることをさらにブラッシュアップさせて、後輩の指導に生かしてください。

（1）コミュニケーション能力

窓口は接客が基本ですので、人と接することが好きな人が適材ではあると思います。しかし、人と接することが苦手だとしても窓口業務に向いていないとは限りません。申請の受付をする、相手の伝えたい内容を聞いて理解する、制度の説明をして理解してもらう……、このように窓口での対応内容を言葉にするとそんなに難しくないと感じるかと思います。

窓口業務に苦手意識を持っている人は、まず職場での挨拶を意識して行ってみてください。挨拶は第一印象を作る大きな要素であり、コミュニケーションの第一歩です。業務を一緒に行う仲間と職場での挨拶ができない人が、初めて接する来庁者とにこやかに対応できるでしょうか。

住民課は、すべての住民が来庁する可能性のある部署のため、いろいろな方と接することがあるでしょう。お互いが気持ちよく終わればそれに越したことはありませんが、必ずしもそういう方ばかりが来庁するわけではありません。また、こちらの対応如何によっては相手を怒らせてしまうことがあるかもしれません。

私たちが新人に必ず話していることは、住民課に来る方とはほとんどが「一期一会」の関係であるということです。職員にとっては、同じように繰り返される業務の１つと感じられるかもしれませんが、住民にとっては一度の機会であることを心に留めておいてください。

（2）法令・通知の知識

これもごく当たり前のことですが、業務に慣れてくると案外おざなりになりがちです。法令改正や新たな通知が発出された際は、当該箇所を含めて再度学習をする絶好の機会です。また、法令改正や新たな通知を担当者間で共有するのはもちろんのこと、他の係との情報共有をいかに図るか、業務にどう反映させるかも重要です。

そして、自分がその業務を理解したかどうかを知る最適な方法は、他の人に説明することです。課内の勉強会などが定期的に開かれる環境にあれば、ぜひ講師役にチャレンジしてみてください。「自分はまだ理解できていない」と感じている人こそ、試してみてほしいと思います。他人に理解してもらうためには説明力が必要です。

その説明力を養うためには、何より自分自身の知識を深めていかなければなりません。業務のスキマ時間に質疑応答集に目を通したり、課内の勉強会などをうまく活用したりして、自らの知識をさらに深めていきましょう。

（3）読解力・説明力

窓口に来る人は、なにかしら役所でやりたいこと、やらなければならないことがあります。ただ、具体的にどうすればいいのか、そもそも住民課でできることなのかもわからず、役所に行けばわかるかと思って来庁する人もいます。

「今日はどうされましたか？」

「なにかお届けですか？」

このような言葉がけから会話をスタートし、その方のニーズを探りながら必要な手続きを判断し、相手が理解しやすい言葉で伝えます。これは、①コミュニケーション能力と、②法令・通知の知識がないとうまく伝えることができないでしょう。

（4）計画力

窓口の仕事は、年度の最初と最後（３・４月）が最も業務量が多くなります。そのため、それ以外の時期をいかに効率的に回していくか、計画的に業務を行っていくかを考えなければなりません。年間の予定を最初に確認し、繁忙期にしわ寄せがこない計画を立ててみましょう。

（5）システムに関する知識

戸籍システムと住基システムは、住民課の職員であれば全員が使用していると思います。住基システムとは、各市区町村が独自で導入し、住民基本台帳の業務を行うために使っているシステムです。それに加えて住民基本台帳ネットワークシステムや、窓口の形態によっては総合窓口システム、福祉システム、税システムを利用することがあるかもしれません。システム担当ではないとしても、作業手順を毎回周りに聞かずに済むよう、入力した結果がどこに影響するのかある程度の知識を持つようにしましょう。

（6）関連手続きの知識

ライフイベントに関係する手続きが多いのが住民課です。住民課は、申請者に対して、住民課での手続きが終わったあとの他の課や機関での手続きを案内する必要があります。

その際、あなたの案内は、相手に確実に伝わっているでしょうか。

関係課などの場所を庁舎案内図で見ただけではなく、その窓口の様子を実際に見たことはありますか。

繰り返しますが、自分が理解していないことを他の人に説明することはできません。そこで、理解するための１つの方法が、自分で体験してみることです。ぜひ一度、自らの足で住民課から関係課へ住民に案内しているように歩いてみてください。案内の説明に具体性が増して、より確実に相手に伝わるようになります。

住民課業務だけでまだ手一杯だという人もいると思います。もちろん住民課に属する以上、住民課に関する業務知識を習得することが何より大切です。しかし、案内する相手にとってはどの手続きも「役所での手続き」であることに変わりはありません。住民課以外の手続きでも、基本を知っているのと知らないのとでは、対応に大きく差が出ます。本書と同じ版元から発行されている「自治体の仕事シリーズ」である『福祉課のシゴト』や『税務課のシゴト』は、基礎知識の習得に大いに役立ちますので、ぜひご覧になってください。

そして何より、私たちも住民なのです。たとえ住まいが勤務先の隣の市区町村だとしても、制度が大きく異なることはありません。ひとりの住民として、いろいろな手続きを知っておいて損はありません。

5　外の世界を知る

あなたが住民課に配属されたのは何月でしたか。

住民課の繁忙期は、なんといっても３月と４月です。４月に配属された人は、周りの職員から「忙しくて面倒を見ていられないから、これを読んで勉強しておいて」と言われ、戸籍六法、住基六法、業務マニュアル、その他参考書を渡されて、目を通していただけかもしれません。もしくは周りの職員が一日中ひっきりなしに来庁者と対応しているのを手伝うこともできず、肩身の狭い思いで過ごしていたかもしれませんし、逆に、マニュアル片手に窓口でしどろもどろになりながら、先輩と一緒に対応していたのかもしれません。いずれにせよ、大変心細い思いをされたのではないでしょうか。

戸籍事務、住民基本台帳事務どちらか一方の担当になったとしても、それぞれの事務は密接に結びついています。比較すると、戸籍事務は深く突き詰めていくことが求められ、住民基本台帳事務は広くカバーすることが求められるといえるかもしれません。

こういった職場の姿がおぼろげでも見えてきたとしても、次には職場で誰に聞いても答えが得られない、または現在の運用が最適かどうかわからないなどの悩みに直面することがあると思います。こういったときに自力で解決するには限界があります。たとえば、同じ住民基本台帳事務であっても、市区町村によってその取り組み方はさまざまです。

他の市区町村の状況を聞いてみることで、新しい視点を見つけられることもあり、異なる市区町村でも同じ業務に携わっている者同士、職場とはまた違った仲間意識ができて心強く感じられることもあります。また、SNSやチャット、オンラインミーティングなど行政職員のコミュニティに参加するなど、視野を広く、足元だけではなく外にも目を向けて、業務への理解を深めていってください。

COLUMN 届出と他の行政事務との関連を把握するには

初任者の方が窓口対応をするとき、それぞれの届出の際、届出人の方に関連する手当などの行政手続きの案内をしないケースがあります。これは、受け付けた届出がどのような行政手続きにつながっているのかをその職員が知らないのかもしれません。行政手続きの流れを把握する方法として、それぞれの市区町村のホームページが参考になります。ホームページには、住民からの要望や担当者の案内漏れなど、いわば“先輩方の失敗”が反映されているものです。したがって、初任者の方は、ぜひホームページを確認してください。そして、ある届出のその後の手続きの先がどう続くのかを把握してみてください。自分の市区町村のホームページであれば、その後の手続きの窓口なども記載されているかと思いますので、より正確な案内へつなげることができます。

Ⅲ 戸籍事務担当者が心がけること

1　戸籍事務担当者の6か条

戸籍事務は、根拠となる戸籍関係法令を目の前の事象に当てはめて解決する事務といわれています。住民課に配属され、戸籍事務を担当することになったとき、担当者としてどのようなことを心得て、どのようなことに注意を向けて事務に携わったらいいかを、基本となる法令「戸籍法」を中心にまとめると、次のようになります。

（1）戸籍事務は、市区町村長が処理する法定受託事務である

戸籍は、国民の夫婦、親子といった人間の関係を登録するものです。したがって、全国的に統一された事務処理が望まれる事務です。このことからすれば、本来、戸籍事務は国が行う行政事務ということになります。しかし、住民に最も密接な関係にある市区町村の機関の市区町村長が行うほうが、国民の利便性や事務の効率性の面でよりきめ細やかな行政事務が行える趣旨から、明治５年に成文法として「戸籍法」が制定されて以降、「戸長」「戸籍吏」（現在でいう市区町村長）が取り扱ってきました。

事務の性格としては、平成 12 年４月１日から施行された「地方分権の推進を図るための関係法律の整備等に関する法律」（平成 11 年法律第 87 号）、いわゆる「地方分権一括法」により、従来、国の「機関委任事務」とされていた戸籍事務は、市区町村長が処理する「法定受託事務」として再構成されました。

また、戸籍法第１条１項でいわれる「管掌する」という意味は、「市

区町村長が自らの名で戸籍事務を処理する」ということであると解されています。したがって、戸籍事務担当職員は、市区町村長の補助者であって代理者ではありません。このことから、戸籍事務担当者として実際に事務を処理するからといって、個人の名義をもって戸籍事務を処理することは許されません。もし、担当職員が誤った処理をしてしまい、その誤りが関係人に不当な結果を生じさせてしまった場合、その責任は、すべて、市区町村長の責任となります。担当職員としては、この点を十分に認識し、市区町村長の補助者として常に住民の信頼に応え、「正確・迅速・的確」な事務処理を心がけなければなりません。

（2）ひとりで判断をせずに報告・連絡・相談すること

市区町村役場の職員としてどこの職場に配属されても同じことがいえますが、まず、「ひとりで判断をしないこと」。わからないまま、自分が常識だと思う判断をしてしまう、これは、厳に注意しなければなりません。私たち担当職員は、地方公務員として市区町村という組織のなかで、組織の一員としてその職務を担当するもので、それぞれに役割と分担があります。職務の内容に応じて、ひとりで判断しなければならないこともあると思います。

しかし、ひとりで抱え込んでしまい身動きがとれなくなってしまうと、結局は周囲に迷惑をかける結果となり、自分の責任を問われることにもなります。とりわけ、戸籍事務は、前述のとおり人の身分関係を登録し公証するという、いわば人間関係の絡み合いの多い事務です。公務員として、また、担当者として、最も苦手とする感情のもつれあいという問題に発展しかねません。

戸籍事務という仕事は、常識的な判断や便宜的な裁量が許されない事務とよくいわれます。わからないことをわからないままひとりで判断し、処理することはせず、わからない場合には、常に上司に報告し、その指示のもとに処理する、つまり「ホウ（報告)・レン（連絡)・ソウ（相談)」を励行するよう心がけてください。

また、戸籍事務は市区町村長が処理する事務ですが、管轄法務局の長にその処理について助言を求めることもできます。このように市区町村において、判断に迷うことがある場合や法解釈に悩んだ場合には、管轄法務局にも「ホウ（報告)・レン（連絡)・ソウ（相談)」を心がけ、常に全国同一の認識で事務処理を行っていきます。なお、助言を求める場合でも、戸籍事務の主体はあくまでも市区町村ですので、事務処理について照会する場合には、最低限のことについては理解したうえで照会すべきものと考えます。

（3）戸籍の記録（記載）は、届出によって処理する

戸籍制度の目的は、戸籍に夫婦、親子といった人の身分関係を登録し、これを公示し公証することを最終目的としています。

平成６年の戸籍法改正により、戸籍事務を電子情報処理組織、いわゆるコンピュータで処理することができるようになりました。この場合、戸籍という帳簿は「磁気ディスク（これに準ずる方法により一定の事項を確実に記録することができるものを含む。)」により調製されます。

紙の帳簿であっても、コンピュータによる記録であっても、その目的は何ら変わることはありません。

それでは、この登録（戸籍の記載）は、何に基づいて行うかというと、戸籍法第15条により、原則として住民からの届出によります。

しかし、ごく例外的ではありますが、市区町村長の職権による戸籍の記載（記録）という場合もあります（戸籍法第15条、第24条２項)。

したがって、届出に基づいて戸籍の記載をするわけですから、届出人が記載する届書は法令に則って正確でなければなりません。常に住民側の立場に立って受付をするという姿勢で臨む必要があります。

届出人が記入方法等についてわからない部分、あるいは記入された届書に書き誤りや不備な点があれば、適切な記入方法、または救済方法を考え、正確な届出によって処理するといった心構えを持つことが、正確な戸籍の記載へつながります。また、届出人が容易に届出できるように配慮し、戸籍制度に対する理解と協力が得られるように心がけることが肝要です。

（4）戸籍にいったん記録（記載）されたものは簡単に訂正できない

繰り返しますが、戸籍というものは、夫婦、親子といった人の身分関係を登録し、公証するものです。たとえば、関係人から、単に口頭で「生年月日が違うから訂正してほしい」、「名前が気に入らないから訂正してほしい」、「婚姻届の日が結婚式の日と違うから訂正してほしい」と申出されても、戸籍にいったん記載されたものに対して、簡単に訂正することは認められていません。これらを認めてしまえば、大きくいえば日本人の身分秩序は混乱し、戸籍というものに対する住民の信頼がまったくなくなってしまうでしょう。戸籍の記載が事実と違う場合は、届出人からなされた届出そのものの誤りにより、家庭裁判所の許可を得て訂正することになります（戸籍法第113条、114条、116条）。

また、担当者の処理に誤りがある場合には、市区町村長の責任として、戸籍事務を管轄する法務局又は地方法務局の長の許可を得て訂正をしなければなりません（戸籍法第24条2項）。このように、戸籍にいったん記載したものについては、軽々に訂正することはできず、それ相当の手続きを経なければ訂正することはできないこととなります。

なお、戸籍法の改正（令和元年法律第17号）により、戸籍の記載、届書の記載、その他の記載から訂正の内容及び事由が明らかな場合は、戸籍訂正を促すための戸籍法第24条1項の通知をすることは要さないとされています。そのほか、戸籍の訂正の内容が軽微で身分関係に影響を及ぼさない場合は、前述した管轄法務局の長の許可を得ないで、市区町村長の職権で訂正をすることができることとされています。その場合、届出人等関係人に対し、戸籍法施行規則第47条の2により訂正したことを連絡することとされています。すなわち、戸籍の記載内容を訂正する場合には、戸籍訂正申請等により当該関係人が認知している場合を除いて、事前または事後に通知または連絡によりお知らせすることとされています。

そのため、戸籍の記載には十分注意するとともに、特に、記載後における届書との照合には細心の注意を払わなければなりません。さらに、現在、戸籍事務は電子情報処理組織によって処理していますが、それぞれの入力及びその確認はもちろんのこと、届出の処分決定、入力後の決裁用帳票での審査、決裁処理にはより一層注意する必要があると思います。

（5）戸籍の帳簿書類は大切に扱う

戸籍事務を電子情報処理組織によって処理することができるようになり、戸籍に関する各種帳簿も、その調製方法や保管方法が従来と異なっています。しかし、「戸籍の目的＝人の身分関係を登録し、公証すること」は何ら変わっていません。

戸籍事務の担当は、戸籍簿や除籍簿を手にすることになりますが、それらが、紙によるものであろうと磁気ディスクによるものであろうと、戸籍であることには変わりはありません。その戸籍には、その戸籍に書かれている人の一生がわずか数行ずつの事項に凝縮された、いわば人生を記録したものであり、日本にただ1つ、いや、世界にただ1つしかないものであるといえます。そのため、戸籍簿をはじめとする戸籍に関する帳簿書類等は施錠のある耐火性の書庫に納め、その保管を厳重にし、たとえ裁判所や検察庁から提出命令があったとしても、これに応ずるべきでないとされています。火災とか水難といった事変を避ける以外、市区町村役場から持ち出してはならないものなのです（戸籍法施行規則第7条1項、8条)。

また、電子情報処理組織で戸籍事務を処理する場合には、戸籍のコンピュータ及び関連設備については、障害、盗難等を防止するため、適切な設置及び管理をするとともに、これらコンピュータの設置施設及び戸籍データ保管施設の入退室を制限するなど、適切な管理をすることとされています。また、戸籍の滅失やき損並びにこれらに記録されている事項の漏えいを防止するための必要な措置（副記録の備付け等）を講じることとされています（戸籍法施行規則第68条、72条、平成6年11月16日第7000号通達第1)。

これらから、紙による、コンピュータによるを問わず、戸籍簿や除籍簿はもちろんのこと、戸籍に関する帳簿書類は大切に取り扱う必要があることがわかります。しかし、最近では、届書やその添付書類等、戸籍簿、除籍簿に限らず戸籍関係書類の滅失事故が増加しているとして注意喚起がなされています。特に留意してください。

（6）仕事上知り得た他人の秘密は外部に漏らさない

戸籍の仕事は、出生届、認知届、養子縁組届、特別養子縁組届、婚姻届、離婚届といったように、個人のプライバシーにかかわる、他人に知られたくない内容の届出がほとんどといっていいものばかりです。したがって、仕事上で知り得た他人の秘密は外部に漏らしてはいけません。

これは戸籍事務に限ったことでなく、われわれ地方公務員には守秘義務というものがあり、地方公務員法第34条にも規定されているとおり、市区町村役場の職員として、また、地方公務員の常識として常に心がけておくことです。

また、「個人情報の保護に関する法律（平成15年5月30日法律第57

号)」が、平成17年4月から施行され、各市区町村においても個人情報保護条例が制定されています（令和5年4月には原則、個人情報保護法に一本化されます。）。個人情報については、特に注意を払い取り扱う必要があります。戸籍事務を担当している間には、個人の資料として今後の参考となるようにと保管している資料もあるかと思います。これらの中にも個人情報が登載されているものがあるかもしれません。資料の保管・管理には十分注意し、戸籍事務から離れる場合には、シュレッダーにより裁断処理するなど、必ず適正に処分してから、他の部局に異動するようにしてください。

なお、戸籍をコンピュータで処理している場合、戸籍システムのデータにアクセスをすると、いつ、誰が、アクセスしたか記録が残ります。くれぐれも興味本位で職務以外に戸籍の記録にアクセスすることのないよう注意したいものです。

もし、不適切な取扱いがされていたとしたら、公務員と戸籍制度に対し、国民の疑問が生じることになります。個人情報を常に取り扱っているという認識を持ち、事務に携わります。

とりわけ戸籍事務は個人のプライバシーを特に多く取り扱っている事務のため、以上を踏まえ、より一層の注意が必要です。

2　戸籍事務は行政事務の基本

戸籍事務は、各種行政事務の出発点となることが非常に多い事務です。戸籍の届出がなされると、各種行政事務の基本となる住民基本台帳に登載されることによって、国民健康保険や選挙、学校、児童手当の支給等々、届出後に連動する行政事務は多数あります。

たとえば、出生届を提出し受理されると、戸籍簿に登録されるほか、住民基本台帳にも記録され（住民基本台帳法第9条2項）、さらに、国民健康保険の加入者であれば、国民健康保険被保険者証の手続きや児童手当、児童扶養手当、児童育成手当支給などにつながっていきます。

それぞれの届出によってどのような行政事務につながっていくのか把握しておくことで、住民に無用な心配や手続きをさせることがなくなります。したがって、戸籍のそれぞれの届出ごとにそのあとに必要となる手続きなども把握しておくようにしましょう。

なお、関連業務へのつながり方としては、市区町村長からの通知によって自動的に処理されるもの、たとえば、住民票の記載がそれにあたります。また、一定の手続きが必要なもの、児童手当の支給関係などがそれにあたります。いずれにしても、自動的に処理されるものと、別の手続きが必要なものとを整理しておくとよいでしょう。

COLUMN 本人確認の歴史は浅い？

住民課に限らず、各窓口では当たり前のように本人確認書類の提示を求めています。しかし、本人確認が求められるようになってから、まだ20年も経過していないのです。

他人による証明書の不正取得や虚偽の届出を防ぎ、また、個人情報を保護するために、平成20年５月から改正された戸籍法及び住民基本台帳法により、住民票の写し等や戸籍謄本等の交付請求及び住民票の異動届出（転入、転出、転居、世帯変更）や戸籍の届出（婚姻、協議離婚、養子縁組、協議離縁、認知）をするときは、本人確認書類の提示により、本人確認を行うことが法律で義務付けられたのです。（ただし、戸籍の婚姻等の届出は本人確認ができない場合であっても、法律的にその届出は有効なものとして受理されますので注意してください。※確認できなかったご本人（届出人）に対し、届出が受理されたことを、届出人の住所地に郵送等により通知することになります。）

電子申請においてはさまざまな認証技術が開発されていますが、厳格な電子署名を用いるのか、利用者の負担が少ない身元確認技術を利用するのかなど法令や手続きの性質によって適切な方法で本人確認をする必要があります。

COLUMN　住民の声と原因・対応策の例

住民課の窓口には、たくさんの方がいろいろな手続きで訪れます。婚姻届でHappyな気分で訪れる方、家族が亡くなり落ち込んで手続きに訪れる方、さまざまです。

ちょっとしたボタンの掛け違いにより無用なトラブルへ発展することなどもあります。まずは、住民の声をよく傾聴し、来庁の目的などを正確に把握し、対応するようにしましょう。

ここでは、具体的な事例からその原因と対応策を考えてみましょう。

【事例】

ある住民が外国人との婚姻届のことで窓口に相談に来たが、書類等が足りず何度も窓口に来てもらうことになってしまった。

原因①　外国人との婚姻のため、事例が少なく、届出に添付すべき書面や手続きについて、受付した職員の知識が不足していた。

原因②　職員の知識が不足していたが、上司や経験者に尋ねる等、適切な職員に相談のうえ案内すべきところを、していなかった。

原因③　必要な書類など、情報が正確に伝わっていなかった。

⬇

対応①　担当職員は、戸籍に関する専門知識を深めるよう、研修やOJTを実施し、正確な職務知識を身につける。

対応②　同様事例があった場合、対応に迷わないよう係内で情報を共有する。

対応③　住民、職員相互に確認できるようなガイドやマニュアルを作成し、必要書類などをもれなく準備できるよう案内する。

事前の案内で必要書類がそろっていれば手続きは一度で済み、トラブルにならなかったのではないでしょうか。

また、個別具体的なケースに、迅速かつ正確に対応できるよう、日ごろから職務知識を深めるようにしましょう。

3

第3章

住民基本台帳事務を知ろう！

Ⅰ　住民基本台帳制度

1　住民制度の変遷

現在の住民基本台帳制度に至るまでには、社会の変化に合わせた多くの制度改正が行われてきました。住民基本台帳制度への理解を深めるために、現在までの主な住民制度を見てみましょう。

（1）戸籍制度

戸籍制度は明治４年の太政官布告により始まり、翌明治５年に初の全国的戸籍が編纂されました。このとき編纂された戸籍は明治５年の干支にちなみ、「壬申《じんしん》戸《こ》籍《せき》」と呼ばれます。この頃は人の移動も少なく、本籍地＝居住地であることがほとんどでした。

（2）寄留制度

産業が発達して人口が増えると人の移動が活発となり、次第に本籍と離れて暮らす人が多くなりました。こうした社会の変化に対応するため、大正３年に寄留法が制定されました。本籍地以外の場所に 90 日以上住むことを「寄留《きりゅう》」と定義し、市町村には「寄留簿」が備え付けられました。

（3）住民登録制度

昭和 22 年に地方自治法が施行され、同法に基づく自治体運営が始まりました。これ以降、住民を対象とした行政手続きが順次拡大したため、より正確に住民を把握することを目的として、昭和 26 年に住民登録法が制定されました。この住民登録法において初めて「住民票」が作成されましたが、作成は当時の社会的背景を反映して世帯単位となっていました。これにより居住地の把握は住民票によって行われることとなり、あわせて寄留簿を引き継ぐ形で戸籍の附票が制定されました。

（4）住民基本台帳制度

昭和30年代から、行政事務にコンピュータが利用されるようになりました。当初は住民税、地方税、国民健康保険などの業務ごとに入力データを作成していましたが、この方法では効率が悪く、また、業務間で氏名、住所などの情報が一致しないという、住民情報の不整合の問題が発生していました。こうした不具合の解消などを目的として、昭和42年に住民基本台帳法（以下「住基法」といいます。）が制定されました。住民票は世帯単位から個人単位となり（ただし、住民基本台帳として編成するときは世帯単位で編成）、各業務において統一的に使用される住民基本台帳が整備されました。

この後も住基ネット、外国人住民制度、マイナンバー制度導入などの制度改正が行われ、現在に至ります。

2　住民基本台帳法の目的

では、あらためて住基法の目的を見てみましょう。

住民基本台帳法第１条

（目的）

第１条　この法律は、市町村（特別区を含む。以下同じ。）において、住民の居住関係の公証、選挙人名簿の登録その他の住民に関する事務の処理の基礎とするとともに住民の住所に関する届出等の簡素化を図り、あわせて住民に関する記録の適正な管理を図るため、住民に関する記録を正確かつ統一的に行う住民基本台帳の

> 制度を定め、もつて住民の利便を増進するとともに、国及び地方公共団体の行政の合理化に資することを目的とする。

目的は、条文の最後にあるように、「住民の利便を増進するとともに、国及び地方公共団体の行政の合理化に資すること」です。これを根拠に、住民基本台帳は居住関係の公証をはじめとする住民に関する事務の処理の基礎とされています。住基情報を庁内の他業務で利用するとき、しばしばその根拠を問われることがありますが、住基情報の場合の根拠はこの住基法第1条です。税情報と違い、利用する側の個別の法令による守秘義務の解除は必要ありません（マイナンバーを除きます。）。

ただし、利用する他業務の情報においても、個人情報保護制度に基づく適正な管理が必要であることはいうまでもありません。

3　住所とは

住基法上の住所とは、地方自治法第10条の住民としての住所と同一でなければならず、生活の本拠地をいいます（住基法第4条）。

住所の認定については具体的な基準がありません。客観的居住の事実を基礎として、居住者の主観的居住意思を総合して決定することになります。なお、住所を認定しがたいときは、総務大臣または都道府県知事の助言を求めることができます（住基法第31条）。

4　世帯とは

住基法上の世帯とは、居住と生計をともにする社会生活上の単位です。世帯を構成する者のうち、その世帯の生計を維持し代表する者で、社会通念上妥当と認められる者を世帯主といいます。したがって、世帯主の認定にあたっては、世帯の構成員がどのように考えているかという主観的基準と、社会通念に照らしてどうかという客観的基準の両面から認定する必要があります。たとえば親子で居住をともにしている場合、成人した子でも学生であれば同じ世帯とし、子が働くなどして自ら生計を維持していれば別の世帯とするなどです。

国民健康保険など他の業務では、他の法律に基づいた世帯の考え方をしますが、ほとんどの場合、住基の世帯がそのベースとなります。そのため、住基の世帯構成の異動を行うと、さまざまな業務に影響が生じる可能性があり、注意が必要です。

5　戸籍との関係

戸籍は身分関係を公証する唯一の公簿であり、住民票は居住関係を公証する唯一の公簿であって、いずれも刑法第157条にいう「公正証書の原本」に該当します。したがって、住民票の記載事項のうち本人の氏名、出生の年月日、男女の別、本籍、筆頭者の氏名は、戸籍の記載と正確に一致しなければなりません。

また、日本国籍を有しない外国人については、出入国管理及び難民認定法（以下「入管法」といいます。）及び日本国との平和条約に基づき日本の国籍を離脱した者等の出入国管理に関する特例法（以下「入管特例法」といいます。）に基づき中長期在留者、特別永住者、一次庇護許《いちじひごきょ》可者《かしゃ》、仮滞在許可者（以下「中長期在留者等」といいます。）に交付された在留カード、特別永住者許可証、一次庇護許可書、仮滞在許可書（以下「在留カード等」といいます。）の記載と一致しなければなりません。

6　外国人住民

平成21年の住基法の改正と外国人登録法の廃止により、平成24年7月9日から外国人住民も住民基本台帳制度の適用対象となりました。

この制度改正の前において、日本に住む外国人は、外国人登録法に基づく外国人登録制度により、各市区町村に保管されていた外国人登録原票に基づいて居住関係と身分関係を明らかにしていました。したがって、それまでの外国人住民には住民票がなく、住民票の写しを取得しても日本人の家族と一緒に記載されることはありませんでした。

なお、住民基本台帳制度の適用対象となる外国人住民とは、観光などの短期滞在者や外交官などを除いた、適法に３か月を超えて在留する外国人であって住所を有する者となり、次の４つに区分されます。

区分	対象
① 中長期在留者	我が国に在留資格をもって在留する外国人であって、３月以下の在留期間が決定された者や短期滞在・外交・公用の在留資格が決定された者等以外の者。 入管法の規定に基づき、上陸許可等在留に係る許可に伴い在留カードが交付される。
② 特別永住者	入管特例法により定められている特別永住者。 入管特例法の規定に基づき、特別永住者証明書が交付される。
③ 一時庇護許可者または仮滞在許可者	入管法の規定により、船舶等に乗っている外国人が難民の可能性がある場合などの要件を満たすときに一時庇護のための上陸の許可を受けた者（一時庇護許可者）や、不法滞在者が難民認定申請を行い、一定の要件を満たすときに仮に我が国に滞在することを許可された者（仮滞在許可者）。 当該許可に際して、一時庇護許可書または仮滞在許可書が交付される。
④ 出生による経過滞在者または国籍喪失による経過滞在者	出生または日本国籍の喪失により我が国に在留することとなった外国人。 入管法の規定により、当該事由が生じた日から60日を限り、在留資格を有することなく在留することができる。

また、外国人住民が外国人登録法施行時の住所などを確認したい場合には、外国人登録原票を現在保管している法務省へ開示請求をする必要があります。

Ⅱ 住民票

住民票とは、住民に関する事項について記載している帳票です。原則的に個人を単位として作成され、世帯ごとに編成して住民基本台帳とします（世帯を単位とした住民票にすることもできます。）。住民票はハードディスクなどの磁気ディスクに記録・保管することもできます（住基法第６条第３項）。

1　様式

住民票の様式は法定されていないため、市区町村において住民の利便を考慮し、簡明かつ平易な様式について創意工夫することとされています。現在は住民票をコンピュータで管理し、ハードディスクなどに保存することが一般的なため、住民票の様式について意識することはほとんどありません。ただし、証明書としての住民票の写しは紙で交付されますから、その様式については住民票と同様に考慮する必要があります。

日本の国籍を有する者に係る住民票の様式例

住　民　票

氏名		明 大 昭 平 令	男	世帯主		続柄		世帯員数	世帯番号
旧氏		年　月　日　生	女					世帯員番	
住所		住民となった年月日	明大昭平令 ・ ・	出生 転入	届出	昭平令 ・ ・	住民票コード		
		異動年月日	昭 平 令 ・ ・	転居	届出年月日	昭平令 ・ ・	個人番号		
			昭 平 令 ・ ・	転居		昭平令 ・ ・	備考		
本籍		筆頭者							
前住所									
転出		昭 平 令 ・ ・	転出予定		届出	昭平令 ・ ・			

国民健康保険

記番号号		
資格取得		資格喪失
昭 平 令 ・ ・		昭 平 令 ・ ・
昭 平 令 ・ ・		昭 平 令 ・ ・
昭 平 令 ・ ・		昭 平 令 ・ ・
退職被保険者又は被扶養者の別	当該年月日	非該当年月
退・被扶	昭平令 ・ ・	昭平令 ・ ・
退・被扶	昭平令 ・ ・	昭平令 ・ ・
備考		

後期高齢者医療

番号	
資格取得	資格喪失
平 令 ・ ・	平 令 ・ ・
平 令 ・ ・	平 令 ・ ・
平 令 ・ ・	平 令 ・ ・
備考	

選挙人名簿

登録	

児童手当

支給開始	支給終了
平 令 ・	平 令 ・
平 令 ・	平 令 ・
平 令 ・	平 令 ・
平 令 ・	平 令 ・
備考	

国民年金

基礎年金番号		
資格得喪・種別変更		
昭平令 ・ ・	得・種変・喪	1・任
昭平令 ・ ・	得・種変・喪	1・任
昭平令 ・ ・	得・種変・喪	1・任
昭平令 ・ ・	得・種変・喪	1・任
備考		

介護保険

番号	
資格取得	資格喪失
平 令 ・ ・	平 令 ・ ・
平 令 ・ ・	平 令 ・ ・
平 令 ・ ・	平 令 ・ ・
備考	

外国人住民に係る住民票の様式例

住　　民　　票

氏名		年	男	世帯主	続柄	世帯員数	・ ・	・ ・	世帯番号
通称		月 日 生	女			世帯員番	・ ・	・ ・	

住所		外国人住民となつた年月日	平成 令和 ・ ・	届出年月日	平 令 ・ ・	住民票コード
		異動年月日	平成 令和 ・ ・ 転居		平 令 ・ ・	個人番号
			平成 令和 ・ ・ 転居		平 令 ・ ・	

国籍・地域		在留資格		在留カード等の番号		備考
法第30条の45に規定する区分		在留期間等		在留期間の満了の日		

通称の記載及び削除に関する事項	通称	記載市町村名	記載年月日	削除市町村名	削除年月日

前住所			
転出		平成 令和 ・ ・ 転出予定	届出 平 令 ・ ・

国民健康保険

記番号		
資格取得	資格喪失	
昭 平 令 ・ ・	昭 平 令 ・ ・	
昭 平 令 ・ ・	昭 平 令 ・ ・	
昭 平 令 ・ ・	昭 平 令 ・ ・	
退職被保険者又は被扶養者の別	当該年月日	非該当年月
退・被扶	昭平令 ・ ・	昭平令 ・ ・
退・被扶	昭平令 ・ ・	昭平令 ・ ・
備考		

後期高齢者医療

番号	
資格取得	資格喪失
平 令 ・ ・	平 令 ・ ・
平 令 ・ ・	平 令 ・ ・
平 令 ・ ・	平 令 ・ ・
備考	

児童手当

支給開始	支給終了
平 令 ・	平 令 ・
平 令 ・	平 令 ・
平 令 ・	平 令 ・
備考	

介護保険

番号	
資格取得	資格喪失
平 令 ・ ・	平 令 ・ ・
平 令 ・ ・	平 令 ・ ・
平 令 ・ ・	平 令 ・ ・
備考	

国民年金

基礎年金番号		
資格得喪・種別変更		
昭平令 ・ ・	得・種変・喪	1・任
昭平令 ・ ・	得・種変・喪	1・任
昭平令 ・ ・	得・種変・喪	1・任
昭平令 ・ ・	得・種変・喪	1・任
備考		

2　記載事項

住民票に記載される事項は次のとおりです（住基法第７条、第30条の45)。多くの項目が並びますが、最も基本的なことなので以下に一つひとつ見ていきましょう。

記載事項には、日本人のみ、外国人住民のみに適用される項目もある点にも注意して確認をしてください。

なお、記載事項は「基本事項」と「個別事項」に分けられます。

凡例

- 基　日本人の基本事項
- 個　日本人の個別事項
- 基　外国人の基本事項
- 個　外国人の個別事項

(1) 氏名　基　基

日本国籍を有する者については、戸籍に記載されている氏名を記載します。字体も戸籍と同一でなければなりません。字体の違いには以下のようなものがあります。

旧字と新字

戸籍	住民基本台帳
國（旧字）	× 国（新字）
	○ 國（旧字）

正字と俗字

戸籍	住民基本台帳
凜（正字）	× 凛（俗字）
	○ 凜（正字）

外国人住民のうち、中長期在留者等については、在留カード等に記載されている氏名を記載します。在留カード等の氏名は原則アルファベット表記ですが､漢字圏の外国人の場合には漢字氏名を記載（原則アルファベットと併記するため、「併記名」ともいいます。）することもできます。

記載の届出は居住地を管轄する出入国在留管理庁へ行います。

（2）旧氏　基

「旧氏」とは、その者の過去の戸籍上の氏のことです。旧氏の記載を希望する者は、住所地市区町村に請求をし、当該旧氏が記載されている戸籍謄抄本を持参する必要があります。記載できる旧氏の具体例は、次のページのとおりです。

（3）出生の年月日　基　基

日本国籍を有する者については、戸籍に記載されている出生の年月日を記載します。戸籍の記載どおりのため、西暦ではなく和暦での表記です。ごくまれに存在しない年月日(うるう年ではない年の2月29日など)であることがありますが、戸籍と違う日とすることはできず、あくまでも戸籍の記載と一致している必要があります。

外国人住民のうち、中長期在留者等については、在留カード等に記載されている生年月日を記載します。在留カード等の生年月日はすべて西暦です。まれに生年月日の一部が不明であることがありますが、この場合は年のみ、年月のみといったように判明している部分だけを記載します。

（4）男女の別　基　基

いわゆる性別です。近年、性自認に配慮した取扱いが増えてきましたが、住民票の男女の別は戸籍の記載と一致していなければならないため、戸籍上の性別（父母との続柄）が変更されない限り、住民票の男女の別を変更することはできません。

住民票等への旧氏の記載等の具体例

例① 旧氏を初めて記載する場合

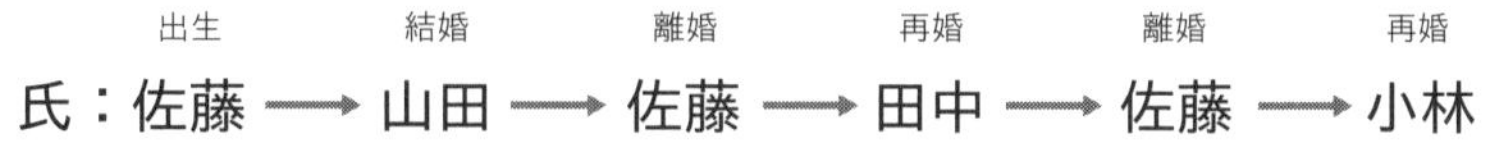

➡ 「小林」のときには、2つ以上前の旧氏を継続的に使用している場合等も考えられるため、「佐藤」「山田」「田中」のいずれも旧氏として記載可能

例② 旧氏を変更する場合

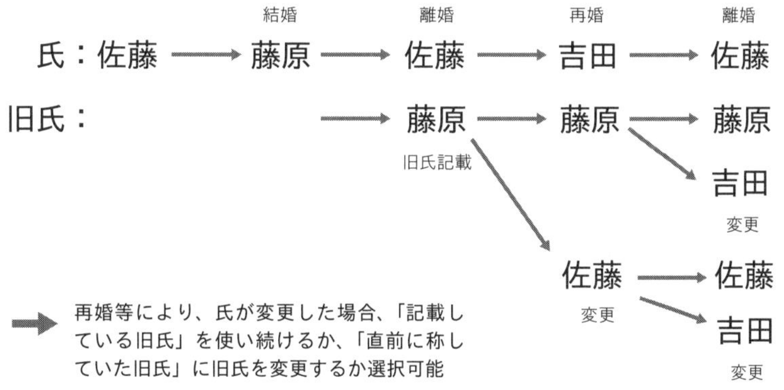

➡ 再婚等により、氏が変更した場合、「記載している旧氏」を使い続けるか、「直前に称していた旧氏」に旧氏を変更するか選択可能

例③ 旧氏を削除する場合

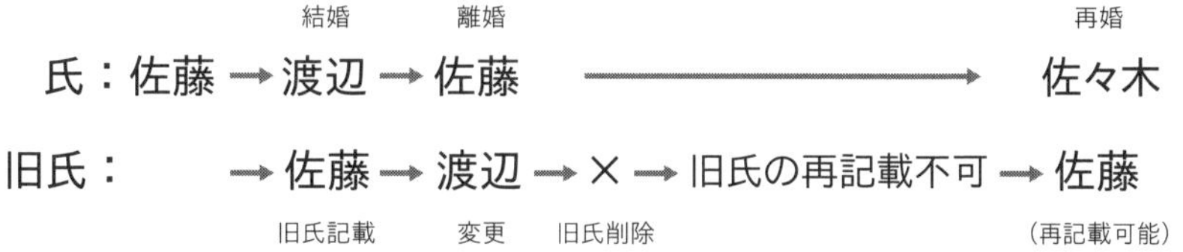

➡ 旧氏の削除は可能だが、その後、氏が変更した場合に限り、「削除後に生じた旧氏」の再記載可能

（5）世帯主についてはその旨、世帯主でない者については世帯主の氏名及び続柄　基　基

世帯主については、続柄の欄に「世帯主」または「本人」と記載します。

世帯主でない者については、世帯主との続柄を、妻、子、父、母、妹、弟、子の妻、妻（未届）、妻の子、縁故者、同居人等と記載します。

ちなみに、平成7年3月より「長男、二男……、長女、二女……や養子」などは、すべて「子」と表示するようになりました。

（6）戸籍の表示（日本人のみ）　基

本籍及び筆頭者の氏名を記載します。本籍のない者及び本籍の明らかでない者については「本籍なし」または「本籍不明」と記載することになりますが、これらの者については戸籍法による出生届や就籍手続を行うよう指導することが適当です。

（7）住民となった年月日（日本人のみ。外国人は（21）を参照）　基

同一市区町村内に引き続き住むようになった最初の年月日を記載します。「住民日」と表現されることもあります。市町村合併や境界変更があった場合は、その処分前の市町村の区域内に最初に住所を定めた年月日をそのままとし、処分によって住民となった日を修正すべきではありません。

（8）住所　基　基

住所は、都道府県、郡、市（特別区を含みます。）、区（指定都市の区等）及び町村の名称、市区町村の町または字のほか、住居表示区域においては街区符号及び住居番号、住居表示区域以外については地番《ちばん》を記載します。

地番とは、土地登記簿上の一筆《いっぴつ》ごとの土地に付された番号のことで、

明治32年の不動産登記法により定められたものです。これに対して、建物に番号を付しているのが住居表示です。

もともと住所の表記には地番が使用されていましたが、市街化が進むと、その居住地がどこなのかを地番で特定するのが難しくなってきたため、昭和37年に住居表示に関する法律が制定され、住居表示によって住所を表記するようになりました。住居表示は市街地に限り順次実施されているため、住居表示をまったく実施していない市区町村もあれば、地番と住居表示が混在している市区町村もあります。

住居表示区域の例

三重県	松阪市	春日町○丁目	○○番	○○号
都道府県	市	町	街区符号	住居番号

住居表示区域以外の例

三重県	松阪市	殿町	○○○○番地
都道府県	市	町	地番

団地・アパート等があり上記だけでは住所が明らかでない場合には、アパート名、居室番号まで記載し、間借人が別個に世帯を設けている場合は「何某（間貸人氏名）方」まで記載します。これらを一般的に「方《かた》書《がき》」といいます。

方書の例

三重県松阪市春日町○丁目○○番○○号　○○アパート　○○○号
（方書：○○アパート　○○○号）

三重県松阪市殿町○○番地　本居宣長方
（方書：本居宣長方）

また、都道府県、郡、市、区及び町村の名称は別個に記載しても差し支えありません。この場合の都道府県の名称は、指定都市等においては省略することができます。

(9) 住所を定めた年月日　基　基

1つの市区町村の区域内において引っ越し（これを「転居」といいます。）をしたことがある者については、現在の住所に転居した年月日を記載します。転居をしたことがなければ記載する必要はありません。「住定日」と表現されることもあります。

(10) 転入等の届出の年月日等　基　基

転入届、住基法第30条の46または第30条の47に基づく届出（外国人住民に係る住居地の届出）により記載した者については、その届出の年月日を記載します。また、職権により住民票に記載をした者については、その記載の年月日を記載します。

(11) 従前の住所　基　基

転入をした者について転出地の住所を記載します。従前の住所は原則として転出証明書に記載された住所と一致します。

外国人住民に係る住居地の届出をした者については、記載する必要はありません。たとえば、日本人がアメリカ合衆国から転入した場合、「米国より転入」と記載されるのに対して、外国人住民は「国外転入」と記載され、国名は記載されません。

（12）個人番号　基　基

① 新たに住民票コード（(19) 参照）を記載した場合は、個人番号の生成要求を行い、J-LIS（地方公共団体情報システム機構）から通知された個人番号を記載します。

② 転入をした者については、転出証明書に記載された個人番号を記載します。

③ 以前に個人番号を記載されたことのある国外転出者が国内に転入する場合等は、以前に記載された個人番号を確認したうえで、その個人番号を記載します。

④ 以前に住民票コードを記載されたことのある国外転出者が国内に転入する場合等は、以前に記載された住民票コードを確認したうえで、①に準じて個人番号の生成要求を行い、J-LISから通知された個人番号を記載します。

※この項では、住民票の記載様式にあわせ、あえて「個人番号」を「マイナンバー」とは表記しませんでした。

（13）選挙人名簿に登録されている旨（日本人のみ）　個

選挙人名簿に登録されている者はその旨を記載します。

（14）国民健康保険の被保険者の資格に関する事項　個　個

国民健康保険の被保険者の資格を取得した年月日、またはその資格を喪失した年月日を記載するとともに、退職被保険者またはその被扶養者（以下「退職被保険者等」といいます。）にあっては、退職被保険者等である旨と、退職被保険者等となり、または退職被保険者等でなくなった年月日を記載します。

（15）後期高齢者医療の被保険者の資格に関する事項 〈個〉◆個◆

後期高齢者医療の被保険者の資格を取得した年月日、またはその資格を喪失した年月日を記載します。

（16）介護保険の被保険者の資格に関する事項 〈個〉◆個◆

介護保険の被保険者の資格を取得した年月日、またはその資格を喪失した年月日を記載します。

（17）国民年金の被保険者の資格に関する事項 〈個〉◆個◆

国民年金の被保険者となった年月日、国民年金の被保険者でなくなった年月日または国民年金の被保険者の種別の変更があった年月日、国民年金の被保険者の種別、基礎年金番号を記載します。

（18）児童手当の支給を受けている者の資格に関する事項 〈個〉◆個◆

児童手当の支給を受けている者について、児童手当の支給が始まり、または終わった年月日を記載します。

（19）住民票コード (基) ●基●

① 直近に住民票の記載をした市区町村長が、その住民票に記載した住民票コードを記載します。

② 新たに住民票を記載する場合において、いずれの市区町村においても住民基本台帳に記録されたことがない場合は、J-LISから各市区町村に対してあらかじめ指定された住民票コードのうちから１つの住民票コードを選んで記載します。

（20）国籍・地域（外国人のみ） 基

在留カード等に記載されている国籍・地域を記載します。

（21）外国人住民となった年月日（外国人のみ。日本人は（7）を参照） 基

中長期在留者等となった年月日または日本人と同様に住民となった年月日のうち、いずれか遅い年月日を記載します。

（22）住基法第30条の45の表の下欄に掲げる事項（外国人のみ） 基

① 中長期在留者

ア 中長期在留者である旨

イ 在留カードに記載されている在留資格、在留期間、在留期間の満了の日並びに在留カードの番号

② 特別永住者

ア 特別永住者である旨

イ 特別永住者証明書に記載されている特別永住者証明書の番号

③ 一時庇護許可者または仮滞在許可者

ア 一時庇護許可者または仮滞在許可者である旨

イ 一時庇護許可書に記載されている上陸期間または仮滞在許可書に記載されている仮滞在期間

④ 出生による経過滞在者または国籍喪失による経過滞在者

出生による経過滞在者または国籍喪失による経過滞在者である旨

なお、出生した日または国籍を失った日から60日を経過する年月日を備考として記入することが適当です。

（23）通称（外国人のみ） 基

通称とは、氏名以外の呼称であって、国内における社会生活上通用していること等により、居住関係の公証のために住民票に記載することが

必要であると認められるものをいい、「通称名」と表現されることもあります。記載は申出により行いますが、申し出た者は勤務先、学校等の発行する身分証明書等の資料を提示しなければなりません。

通称の記載の欄は、氏名の記載の欄と一体のものとして取り扱うことが適当です。また、通称にはできるだけふりがなを付すことが適当です。

（24）通称の記載及び削除に関する事項（外国人のみ）　基

通称を記載した場合は記載した市区町村名と年月日を記載します。また、通称を削除した場合は削除した市区町村名と年月日を記載します。

（25）任意事項

以上のほか、住民の福祉の増進に資する事項のうち、住民に関する事務を管理し執行するために必要と認めるものを任意事項として記載することができます。具体的には次のような事項です。

①　国民健康保険の被保険者については、被保険者証の記号・番号

②　国民健康保険の被保険者以外については、加入している医療保険制度の名称

③　後期高齢者医療の被保険者については、被保険者証の番号

④　介護保険の被保険者については、被保険者証の番号

⑤　国民年金（福祉年金を含む。）の受給者については、受給している年金の名称

⑥　国民年金の被保険者でない者については、加入している公的年金の名称

Ⅲ 住民票の記載等の手続き

住民票の記載、消除《しょうじょ》または記載の修正を行う手続きには、大きく分けて届出と職権の２種類があります。

1　届出

引っ越しで住所が変わったときなどは、市区町村長に届出をしなければなりません。届出は、住民基本台帳法施行令で定めるところにより書面で行います。

一般的には「住所変更」などとひとまとめに呼ばれますが、届出をしなければならないときによって届出の種類が変わります。主な届出は以下のとおりです。

表3-2　届出の区分

届出の種類	届出をしなければならないとき	届出の期限
転入届	市区町村内に新たに住所を定めたとき（出生を除く）	転入した日から 14 日以内
転居届	市区町村内で住所を変更したとき	転居した日から 14 日以内
転出届	市区町村外へ住所を移したとき	転出する前
世帯変更届	世帯または世帯主に変更があったとき	変更があった日から 14 日以内

転入・転居・転出が身体の移動を伴う手続きであるのに対して、世帯変更届は身体の移動がなく、住民票の構成を変える手続きになります。また、届出の対象者が世帯の全部なのか一部なのかを届出の種類の前につけて表記することがあります。転入・転出は他市区町村の世帯状況が

把握できないため、「全部転入」「一部転出」などと自団体の世帯状況だけで表します。転居は旧世帯・新世帯両方の世帯状況が把握できるため、「全全転居」などと旧世帯と新世帯の両方の状態を表します。

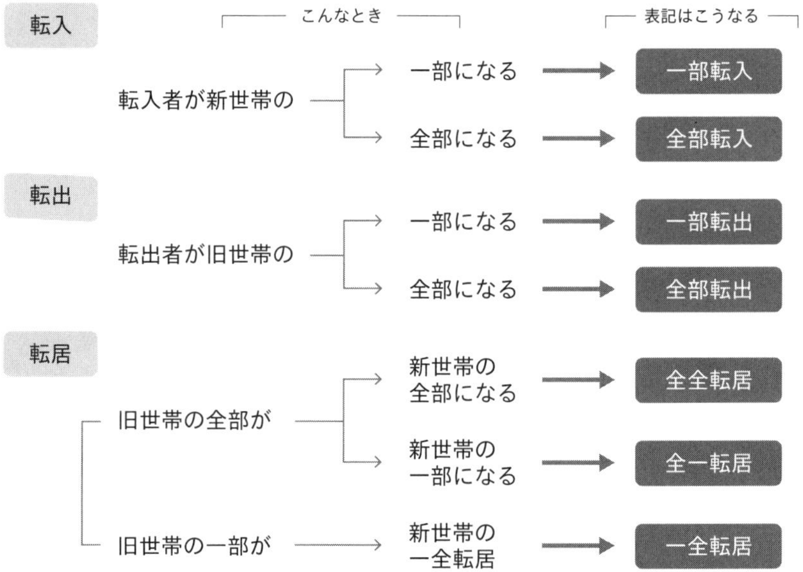

図3-1　全一転居の例

Ｚ市Ｘ町でひとり世帯の世帯主だったＡが、Ｚ市Ｙ町のＢ世帯の世帯員として転居

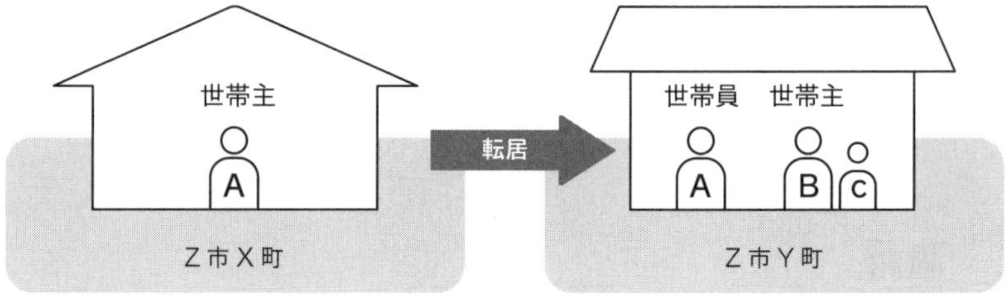

図3-1を見てください。Ｚ市Ｘ町でひとり暮らしをしていたＡさんが、市内Ｙ町の実家に戻ることになりました。ひとり暮らしの間は世帯

構成員が１名なのでＡさん自身が世帯主でしたが、実家では父のＢさんが世帯主として以前より居住しているため、Ａさんはこの世帯の世帯員として届出を行いました。これを「全一転居」と表します。

また、すでに社会人であり生計は独立しているとして、Ａさんが世帯主である別世帯として届け出たのであれば「全全転居」と表します。

転入届・転出届が届出された場合の住民票の記載等フロー（例）

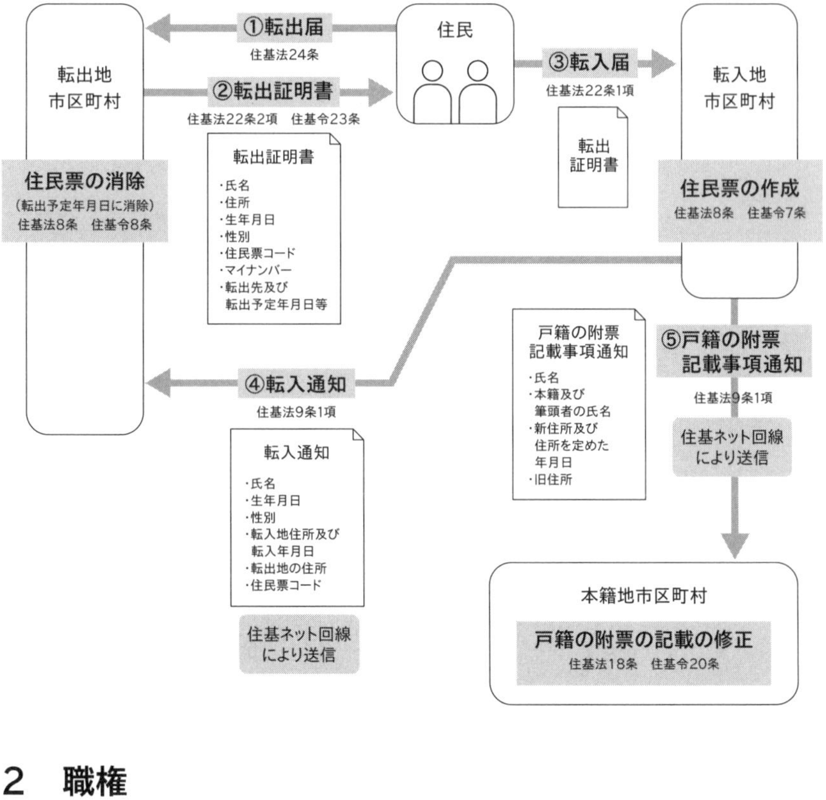

2　職権

届出以外に、職権で住民票の記載、消除または記載の修正をすることがあります。職権には、主に次のようなものがあります。

（1）戸籍に関する届出、職権記載、通知に基づく処理

子が生まれた場合や、婚姻により姓が変わった場合など

（2）個人番号の指定に基づく処理

番号利用法第7条第1項または第2項の規定によるマイナンバー（個人番号）の指定が行われた場合（Ⅱ2（12）を参照してください。）

（3）国民健康保険などに関する届出に基づく処理

国民健康保険などで届出が行われ、資格の取得や喪失があった場合など（Ⅱ2（13）～（18）を参照してください。）

（4）住所の表示の変更があった場合の処理

町または字の名称変更や、住居表示が実施された場合など

3　消除

住民基本台帳の記録から除くべき事由が生じたときは、住民票を消除しなければならないとされています。消除は次の場合に行われます。

① 転出した場合

② 死亡した場合

③ 日本国籍を失った場合

④ 転居または世帯変更により新たな住民票を作成した場合

⑤ 事実を確認し職権でする場合（職権消除といいます。）

消除した住民票（世帯を単位とする住民票にあっては全部を消除したものに限ります。）は、消除した日から150年間保存します。これを一般的に「除票」といいます。

住民基本台帳法の一部改正（令和元年6月20日施行）により、平成26年6月20日以降に消除または改製された住民票の除票及び戸籍の附

票の除票の保存期間が５年から150年に延長されました。これにより、消除または改製から５年以上経過した住民票の除票の写しが発行できるようになりました。

ただし、平成26年６月19日以前に消除または改製されたものについては、すでに保存期間が経過しているため発行することができません。

COLUMN　コンビニエンスストアが窓口に！

コンビニ交付とは、コンビニ店舗に設置済みのマルチコピー機でマイナンバーカードを使って各種証明書が取得できるサービスです。令和４年５月現在、全国946団体がサービスを行っており、人口カバー率は約９割、対応店舗数は56,000を超えています。

コンビニ交付では、自分の住んでいない市区町村に所在する店舗でも、早朝夜間にも対応しているので外出先や仕事帰りでも住民票などが取得できるようになりました。このマルチコピー機を庁内の自動交付機として活用している市区町村もあります。

このマルチコピー機を「マイナンバーカードを使う手続きの窓口」としてさらなる活用ができるよう、マイナンバーカードの署名用電子証明の再設定申込、マイナポイントの申請、新型コロナワクチンの接種証明書のコンビニ交付化など、近くのコンビニで手続きできることが増えてきます。

コンビニの他、郵便局に窓口業務を一部委託するなど、住民が身近な場所で行政サービスが受けられるよう市区町村の実情にそって取り組みが進められています。

Ⅳ　住民基本台帳の一部の写しの閲覧

1　閲覧制度

過去、多くの市区町村の窓口に住民基本台帳の閲覧コーナーがあり、住民基本台帳は申請をすれば名簿業者などでも閲覧することが可能でした。しかし、個人情報への意識の変化と営利目的での閲覧への批判から、平成18年に住基法の改正が行われ、それまでの「原則公開」から「原則非公開」になりました。これにより、閲覧できるのはおおむね次の場合に限られ、商用利用等営利を目的とした閲覧はできなくなりました。

① 国や地方公共団体が法令に定める事務の遂行のために閲覧する場合

② 統計調査、世論調査、学術研究等の調査研究のうち、公益性が高いと認められるものを実施するために閲覧する場合

③ 公共的な団体（例：社会福祉協議会）が行う地域住民の福祉の向上に寄与する活動のうち、公益性が高いと認められるものを実施するために閲覧する場合

各市区町村は閲覧状況を公表しており（住基法第11条第3項、第11条の2第12項）、ウェブサイト上で閲覧者の氏名・利用目的等を公表している市区町村も増えています。ぜひ自団体の状況を確認してみてください。

なお、ドメスティック・バイオレンス（DV）、ストーカー行為及び児童虐待等の被害者で支援措置の対象者は、身体に危害を受けるおそれを除くため、閲覧台帳から除外する必要があります。

2　閲覧の手続き

閲覧の請求または申出をする場合には、事前に必要書類を窓口または郵送で提出し、事前審査を受けます。実際には委託された調査会社等が閲覧を行うことが多く、その場合には委託された旨の確認も必要となります。

閲覧の承認・不承認は、内容の審査後に連絡します。実際に閲覧する日時については、承認後に予約を受ける市区町村が多いようです。

閲覧は、多くは執務スペース内の決まった場所で行うため、同時に閲覧できる人数を制限したり、閲覧を行わない日を定めたりしている市区町村もあります。ただし、警察等からの申請は、捜査協力のため書類が整っていれば事前予約がなくても閲覧可能とする場合もあります。対応する側としては、予定していた他の業務を中断して対応にあたることもあるため、直前であれなるべく事前に連絡してもらうよう、日頃からの関係構築に努めたいものです。

また、毎年３月から４月は住民課の繁忙期であるため、この期間の閲覧を断る市区町村もあります。

3　必要書類の例

（1）住民基本台帳閲覧申出書

申出者と閲覧者の氏名または名称、利用目的、閲覧したい範囲、閲覧事項の管理及び廃棄方法等を明記を求めます。閲覧したい地域・範囲は丁目まで具体的に記入を求めます。

（2）誓約書

利用目的以外に利用しないことを誓約したものです。申出者、閲覧者それぞれの誓約書への記入を求めます。

（3）委託された旨を確認できる書類

閲覧に係る業務の委託契約書の写し等が必要です。

（4）閲覧目的の確認資料

調査研究等の実施体制及び成果の公表の有無、その他、成果の取り扱いを確認できる書類です。

（5）法人の場合は、登記事項証明書等当該法人の存在を確認できる書類及び当該法人のプライバシーポリシーに関する書類

委託の場合は、委託会社・受託会社それぞれの登記事項証明書、プライバシーポリシー、誓約書が必要です。

（6）本人確認書類

閲覧により収集された情報の利用・管理・廃棄状況がわかる書類が必要です。

4　閲覧方法

予約した日時に閲覧者が訪ねてきたら、まず本人確認を行い、必要書類と閲覧内容の確認を行います。

閲覧が終了したら所定の手数料を徴収します。金額は市区町村の条例で定められているため、1件につき100円という市区町村もあれば、1時間を超えたら件数にかかわらず3,000円という市区町村もあります。

閲覧にあたっては、閲覧中に不審な動きがないか監視を行い、たとえば資料の持ち出しをさせない、閲覧場所で携帯電話の使用をさせない、書き取る用紙は指定のものに限定するといった情報漏洩に対する配慮を十分に行う必要があります。

Ⅴ　住民票の写し等の交付

住民票の写し及び住民票記載事項証明書は、住所を証明する証明書として、社会において広く利用されています。これらの交付を受けようとするときは、本人等の請求だけではなく、本人等以外が請求することもできます。ただし、本人等以外の請求は、自己の権利を行使し、または自己の義務を履行するために必要な場合等に限られます。

1　本人等の請求

住民票に記載されている者は、自己または自己と同一世帯に属する者に係る住民票の写し等を請求することができます。また、これらの者から依頼を受けた代理人も同様です。代理人が請求する場合は、委任状の提出等が必要となります。

2　国又は地方公共団体の請求

国または地方公共団体は、法令で定める事務の遂行のために必要な場合に住民票の写し等を請求することができます。これを事務上「公用請求」などと呼びます。

3　本人等以外の者の申出

次のいずれかに該当する者は、申出により住民票の写し等が必要であると認められる場合に限り、住民票の写し等の交付を受けることができます。これを事務上「第三者請求」などと呼びます。

①　自己の権利を行使し、または自己の義務を履行するために住民票

の記載事項を確認する必要がある。

② 国または地方公共団体に提出する必要がある。

③ ①②のほか、住民票の記載事項を利用する正当な理由がある。

第三者請求の例

・債権者（金融機関、不動産賃貸事業者等）が債権の回収のために債務者本人の住民票の写しを取得する場合（①該当）

・相続手続きや訴訟手続きなどにあたって法令に基づく必要書類として関係人の住民票の写しを取得する場合（②該当）

・特殊法人等が公共用地の取得のために関係人の住民票の写しを取得する場合（③該当）

4 特定事務受任者の申出

弁護士、司法書士、土地家屋調査士、税理士、社会保険労務士、弁理士、海事代理士または行政書士が受任している事件または事務の依頼者からの申出が３①②③に該当する場合は、住民票の写し等の交付を受けることができます。これらの者を「特定事務受任者」といいます。特定事務受任者の申出は、特定事務受任者の所属する会（弁護士会等）が発行した「職務上請求書」と呼ばれる専用の用紙によって行われます。

特定事務受任者の申出は第三者請求の一種ですが、事務上は第三者請求と区別して「職務上請求」などと呼びます。

5　請求者と記載事項

請求者によっては、住民票の写し等に記載できない事項があります。

請求者	記載できない事項
本人または同一世帯の者	なし
代理人	なし ただし、個人番号及び住民票コードについては、記載はできるが代理人には直接交付せず、請求者本人に郵便等で送付することとなる
国または地方公共団体	個人番号、住民票コード
本人等以外の者	個人番号、住民票コード、自己の権利を行使し、 または自己の義務を履行するために必要でない事項

6　請求方法

（1）窓口

基本は申請書と本人確認書類により請求します。代理人の場合の委任状や、その他必要に応じて請求事由について客観的に確認することができる資料（疎明資料《そめいしりょう》）の提出が必要となります。

（2）郵便等

前出の１～４の請求、申出は、郵便または信書便で行うことができます。郵便等で行う場合、申請書や本人確認書類のコピーなどのほか、返信用の封筒と切手、手数料を同封します。手数料は、普通郵便で送付できる定額小為替が一般的です。

（3）自動交付機

自動交付機で請求者識別カードと暗証番号を使用して請求することができます。自動交付機では、暗証番号の入力が必要なため、請求は原則本人に限られます。

近年広がりを見せているコンビニ交付も、請求方法としては自動交付機の一種となります。

（4）電子申請

各市区町村が用意する電子申請窓口を通じて請求することができます。電子申請ではパスワードの入力を伴う電子署名が必要なため、請求は原則本人に限られます。

7　手数料

住民票の写しまたは住民票記載事項証明書の手数料は、各市区町村の手数料条例で規定されています。地方公共団体の手数料の標準に関する政令（いわゆる標準政令）に規定する標準事務ではないため、金額は市区町村によって異なります。また、窓口よりも自動交付機やコンビニ交付の手数料を安くするなど、交付方法によって金額に差をつけるケースもあります。

8　本人通知制度

本人通知制度とは、市区町村が住民票の写しや戸籍謄本などを第三者に交付した場合に、希望者（住所や本籍のある市区町村に登録が必要）に交付したことを知らせる制度です。これは不正請求及び不正取得の防止、また、不正請求の抑止を目的としています。しかし、本人通知制度は、法令等に基づくものではなく、市区町村が独自に要綱等を定めて実施するものであるため、市区町村により対応が異なることや、また、本人通知制度自体実施していない市区町村も数多いのが現状です。

COLUMN 「書かない窓口」は本当に早いの？

最近よく耳にする「書かない窓口」。

役所の「顔」である住民課が起点となり、「基礎」となる住民データを活用して窓口サービスを向上させる取り組みです。自治体DX（デジタルトランスフォーメーション）の取り組みとして注目されていて、多くの団体で「書かない窓口の実装」が事業採択されています。電子申請とともに新しいスタンダードの１つとして広まっていくかもしれません。

戸籍届や住民異動は、関連手続きが多くなることがありますが、住民にとっては「○○課の手続き」ではなく、すべてが「市役所での手続き」です。

この事業の先進団体である北海道北見市では、住民視点で手続き全体のBPR（ビジネス・プロセス・リエンジニアリング）を進めた結果、「窓口課」が創設されました。「窓口課」では住民異動に伴う関連手続きの受付まで幅広く対応するので手続きはスピーディです。証明書交付では、職員が申請内容を口頭確認しますので所要時間が増えるように思われますが、申請書の記入に悩む必要がなく、証明書は申請データから作成されるので、来庁してから証明書を受け取るまでの住民にとっての所要時間としては短縮されます。また、目の前で職員が申請書を作ることで住民は安心して手続きできることも「書かない窓口」の特徴です。

Ⅵ　戸籍の附票

住民票が住所地の市区町村で管理されているのに対して、戸籍の附票は本籍地の市区町村が管理しています。戸籍の附票は住民基本台帳と戸籍との間の連絡媒体として、住民基本台帳の記録の正確性を確保することを目的としています。

戸籍の附票は、戸籍の届出に関する通知（住基法第９条第２項）と並んで総務大臣と法務大臣が主務大臣とされています（住基法第 40 条）。業務としては、住民異動の担当が行う市区町村もあれば、戸籍の担当が行っている市区町村もあります。これは、ほとんどの市区町村が戸籍の附票の管理方法としてシステムを利用しており、その管理システムは、住基システムではなく戸籍システムで管理されているためです。

1　様式

戸籍の附票の様式は法令等で規制されておらず、住基法における様式をそのまま使用しても何ら差し支えありません。様式を変更する場合は以下の点に留意しつつ、様式の合理化について検討することが望ましいとされています。

① 冒頭に本籍欄及び氏名欄を設けること。

② 本籍及び筆頭者の氏名欄の次に各人ごとの欄を設け、その住所、住所を定めた年月日、名の各欄を設けること。

③ 各人ごとの欄は、太線等をもってその区界を明確にすることが適当であること。

④ その他市区町村の事務処理の必要に応じ、戸籍の附票記載事由欄、

住所記載事由欄、世帯主氏名欄、番号欄等を設けてもよいものであること。

これらを踏まえて、戸籍システムのそれぞれのベンダーでは戸籍の附票の様式をプログラムし、そのシステムにより運用しています。

戸籍の附票の様式例

本籍 氏名	
附票に記載されている者	【氏名】 【生年月日】　【性別】 【住民票コード】 【在外選挙人名簿登録市町村名】 【在外投票人名簿登録市町村名】 【 住 所 】 【定 休 日】
【備考】 ■編製年月日：　年　月　日 （以下余白）	

2　記載事項

（1）戸籍の表示

戸籍法第９条の戸籍の表示と同一であり、本籍及び筆頭者の氏名について記載します。

（2）氏名

戸籍に記載されている者の名について記載します。同一戸籍にある者は必ず同じ氏《うじ》であるため、氏の記載は必要ありません。

（３）住所

戸籍の届出により、または住所が異動したときは、転入地、転居地または転出地の市区町村からの通知等により、新住所について記載します。

（４）出生の年月日

戸籍に記録されている出生の年月日、すなわち生年月日を記載することとされました。これは、戸籍の附票の写しを交付する際、令和４年１月 11 日施行の改正法では、本籍と筆頭者氏名を省略して交付することとされたことに伴い、本人特定の事項として追加されたものです。

（５）男女の別

戸籍に記録されている父母との続き柄から性別を記載することとされました。これも、出生の年月日と同様、戸籍の附票の写しを交付する際、令和４年１月１１日施行の改正法は、本籍と筆頭者氏名を省略して交付することとされたことに伴い、本人特定の事項として追加されたものです。

（６）住所を定めた年月日

住所と同様に、戸籍の届出または住所地市区町村からの住所変更に関する通知等によって、出生の年月日または当該住所に転入、転居等をした年月日について記載します。

（７）在外選挙人名簿に関する事項

在外選挙人名簿及び在外投票人名簿に登録された者については、その旨及び当該登録された市区町村名を記載します。

（8）住民票コード

住民票コードは、執筆時点（令和４年５月現在）では、改正法がまだ施行されてなく、令和６年５月30日までの施行に向けて、今まさに住民票コードを付す作業を行っているところです。

（9）その他

（1）から（8）の記載事項のほか、戸籍の附票記載事由、世帯主の氏名等を記入することは差し支えありません。ただし、住民票コード及び個人番号を記入することはできません。

3　戸籍の附票の記載等

（1）戸籍の届出に基づく処理

戸籍を単位として作成することとされていますので、新戸籍が編成される場合は、それに伴い戸籍の附票も新たに作成します。従前の住所は記載せず、現住所のみを記載します。

反対に、除籍される者についてはその附票も消除されます。

（2）異動の届出または職権に基づく処理

転入届・転居届があったときは、その新住所及び住所を定めた年月日について記載します。

国外移住の転出届があったときは、その移住先及び転出予定年月について記載します。

職権により住民票の記載等をしたときも、これらに準じて異動内容を記載します。

（3）通知に基づく処理

住所地の市区町村が届出または職権により住民票の記載をした場合は、

この通知に基づき記載します。

かつてこれらの通知は郵送によって行われ、その処理に大変な手間と時間がかかっていました。しかし、住民基本台帳ネットワークを利用した通知の電子的授受により、その作業は大幅に効率化されました。

（4）消除

1つの戸籍にある者の全部または一部が除かれたときは、その戸籍の附票の全部または一部を消除します。全部が消除された戸籍の附票は、その消除された日から150年間保存することとされており、これは住民票と同じ扱いです。

Ⅶ　住民基本台帳ネットワークシステム

住基ネットは、住民の利便性の向上と国及び地方公共団体の行政の合理化に資するため、居住関係を公証する住民基本台帳をネットワーク化し、全国共通の本人確認ができるよう構築されたものです。

1　住民基本台帳のネットワーク化

平成 11 年の住基法改正により、国の行政機関等に対する本人確認情報の提供や市区町村の区域を越えた事務処理を行うため、地方公共団体共同のシステムとして、各市区町村の住基ネット化が図られました。

平成 14 年 8 月の第一次稼働では国の行政機関等への本人確認情報の提供が、平成 15 年 8 月の第二次稼働では住民票の写しの広域交付や住民基本台帳カード（住基カード）の交付が始まりました。

2　既存住基システムと住基ネット

既存住基システムにはメーカーの異なるさまざまなソフトウェアがありますが、住基ネットの CS（コミュニケーションサーバ）と統合端末には、J-LIS が配布する全国共通のソフトウェアが使用されています。

既存住基システムと CS は独自の通信回線でデータを連携しており、既存住基システムで処理されたデータは自動的に CS へ連携されます。したがって、普段の住民異動業務や証明書交付業務において、統合端末を直接操作することはあまりありません。

逆に、住民基本台帳事務において統合端末を直接操作するケースとしては、住基ネット上でエラーが発生した場合や住基システムで入力を

図3-2　住基ネットの概要図

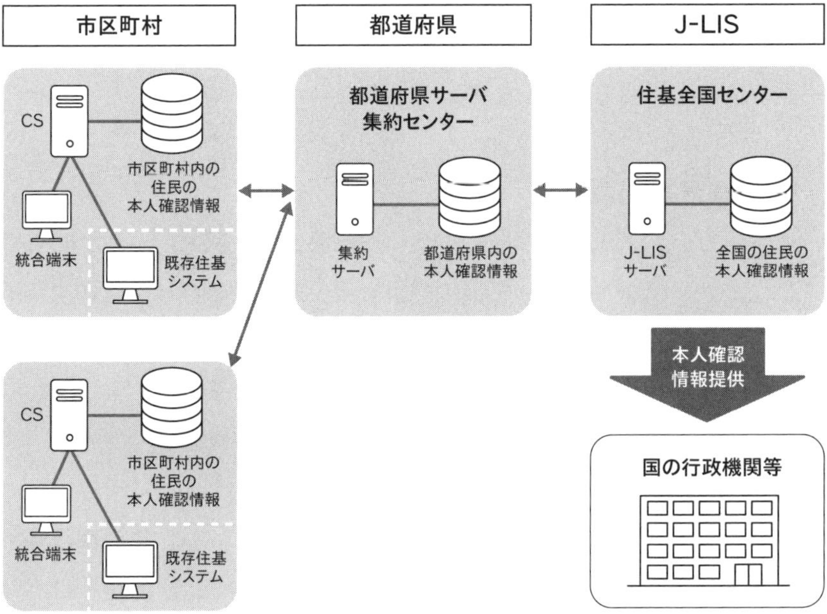

誤った場合のリカバリなどがあります。このようなケースでは､住基ネットに精通した職員が決められた手順で問題を解決していきます。特に、住民票コードやマイナンバーを誤って入力してしまった場合には、J-LISと前住所地を巻き込んでリカバリ処理を行うこともあります。中には解決まで1か月近くかかるケースもあるため、誤入力には十分注意しましょう。

3　住基ネットの利用例

住基ネットが利用できる事務は、住民基本台帳事務のほか住基法第30条の9から第30条の15に規定されていますが、ここではその中から代表的な利用例を紹介します。

(1) 住民票の写しの省略

たとえば、パスポートの発給申請には戸籍全部（個人）事項証明書の提出が必要ですが（令和6年頃に戸籍情報のマイナンバー連携により不要となる予定)、住民票の写しの提出は必要ありません。これはパスポートセンターが住基ネットで申請者の本人確認情報を確認できるためです。

(2) 年金の現況届の省略

年金受給者が毎年行わなければならなかった現況届は、年金機構等が住基ネットで確認するため不要になりました。

(3) 住民票の写しの広域交付

住所地市区町村でしか交付できなかった住民票の写しが、全国どこの市区町村でも交付できるようになりました。ただし、戸籍の表示等一部の記載事項は記載できません。

(4) 転入転出手続きの簡素化

マイナンバーカードまたは住基カードの交付を受けている場合は、転入届に必要な転出証明書が、郵送または電子申請による転出届を行うことで省略することができます。これは、転出証明書情報を住基ネットでやり取りするためです。

前述の方法を活用し、令和4年度中には転入・転出ワンストップサービスが開始される見込みです。この転入・転出ワンストップサービスは、マイナンバーカードを所持する住民が、マイナポータルからオンラインで転出届や転入予約を行うことができるものです。転入地市区町村は、あらかじめ通知された転出証明書情報により事前準備を行うことができ、手続きの時間短縮が実現でき、ワンストップ化を行うことができます。(次ページのコラム参照)

（5）市区町村間の通知の電子化

かつて郵送で行われていた転入通知（住基法第9条第1項）、戸籍の附票記載事項通知（住基法第19条第1項）は、住基ネットを通じて行われています。

COLUMN 転入・転出ワンストップサービス

「市役所に行きたくない」、「待ち時間が長い」といった住民の不満を解消できるサービスになる可能性があるのが、転入・転出ワンストップサービスです。開始時期は令和４年度中が予定されています。

手続きの流れとしては、マイナンバーカード所持者が、マイナポータルを活用し、旧・新の住所情報や世帯員情報などの入力、転入地への来庁予約などをオンライン申請します。転出地市区町村では、来庁させないことを目指し、また転入地市区町村では窓口案内が優先されることで、「待たない・書かない」のサービスの提供を感じられることでしょう。

しかし、転出地市区町村では保険証等の返還物の案内や転入手続きの案内などを適切に行うことができるか、転入地市区町村では住民課窓口だけではなく、関係各課との連携をどの時点でどこまで準備することができるかなど、課題も多く残っています。

転出・転入ワンストップサービスは実証実験も予定されているので、情報を早くキャッチして、関係各課との調整を行いましょう。すべての関係手続きをワンストップするのでなく、児童手当など、頻度が多く世帯構成に大きく影響されない手続きなどからはじめるなどのスモールステップで効果がでるよう工夫できるとよいですね。

Ⅷ　印鑑登録

1　印鑑登録証明事務

印鑑登録証明事務は各市区町村の条例に基づいて行われる自治事務ですが、印鑑を登録できるのは市区町村の住民基本台帳に記録された者であることから、住民基本台帳事務の付帯事務として住民課で処理されます。

印鑑登録は､印鑑により個人を証明する制度です。登録された印鑑（実印）と印鑑登録証明書を所持する者は本人であるとする、人格の同一性を確認する手段や、実印の押された文書に印鑑登録証明書を添付することで、その文書が間違いなく本人の意思によって成立したものであることを担保する手段として用いられます。具体的なケースとしては、不動産の売買契約、金銭消費貸借契約（ローン契約）、不動産の所有権移転登記などがあります。

印鑑登録は住民の権利義務の発生や変更に関わる重要なものです。実施にあたっては不正使用を防止する十分な措置が必要です。

なお、冒頭のとおり印鑑登録は条例に基づくもののため、その取扱いは市区町村によって多少の違いがあります。ここでは「印鑑登録証明事務処理要領」に沿った標準的な内容について記載しています。

2　成年被後見人の取扱い変更について

令和元年6月14日に公布された「成年被後見人等の権利の制限に係る措置の適正化等を図るための関係法律の整備に関する法律」によって、成年被後見人等の人権が尊重され、成年被後見人等であることを理由として不当に差別されないよう成年被後見人等に係る欠格条項その他の権利の制限に係る措置が見直されました。この改正により、成年後見制度を利用していることを理由として印鑑登録を行う資格を一律に排除するのではなく、意思能力の有無で判断されることとなりますが、窓口職員が意思能力の有無を判断することは難しいものです。実務上、成年被後見人から印鑑の登録の申請または印鑑登録の廃止の申請を受けた場合においては、法定代理人（成年後見人）が同行しており、かつ当該成年被後見人本人による申請があるときは、当該成年被後見人は意思能力を有するものとして、これらの申請を受け付けることとして差し支えないこととされています。

なお、後見開始の審判の通知を受けた者が印鑑登録していた場合は、引き続き民法第７条の趣旨に基づいて登録が抹消されますが、登録継続の意思確認を求めてから抹消する市区町村もあります。

3　登録資格

印鑑の登録を受けることができる者は、住基法に基づき当該市区町村の住民基本台帳に記録されている者で、次の者を除きます。

・15 歳未満の者

・意思能力を有しない者

4　登録申請

登録申請は本人または代理人が行います。いずれの場合も本人であることと本人の意思に基づくものであることを確認するため、郵送で本人あてに文書で照会し、回答書を持参してもらいます（照会方式）。この場合、回答書を持参しないと登録が完了しないため、登録申請と同時に印鑑登録証明書を取得することはできません。ただし、本人自らが申請し、次のいずれかを提示した場合に限り、照会回答を省略することができます。

・官公署の発行した免許証、許可証もしくは身分証明書であって、本人の写真を貼付したもの（本人確認方式）
・当該市区町村においてすでに印鑑の登録を受けている者により、申請者が本人に相違ないことを保証された書面（保証書方式）

申請方法と即日交付の可否

	申請者	印鑑登録証明書の即日交付
照会方式	本人、代理人	×
本人確認方式	本人	○
保証書方式	本人	○

5　登録印鑑

登録できる印鑑の数は１人１個です。また、以下に該当する印鑑は登録することができません。

①　印影の文字が、住民基本台帳に記録されている氏名、氏、名、旧氏、通称、または氏名・旧氏・通称の一部を組み合わせたもので表していないもの
②　印影の文字が、職業、資格など氏名・旧氏・通称以外の事項を表しているもの
③　印鑑の素材がゴム印など変形しやすいもの
④　印影の大きさが一辺8㎜の正方形に収まるもの、または一辺25㎜の正方形に収まらないもの
⑤　印影を鮮明に表しにくいもの
⑥　その他登録を受けようとする印鑑として適当でないもの

ただし、非漢字圏の外国人住民に限り、①②にかかわらず、住民票の

備考欄に記載されている氏名のカタカナ表記等で登録することができます。

6　印鑑登録原票

印鑑の登録は、印影を印鑑登録原票に登録することで行います。印鑑登録原票には印影のほか次の事項を登録します。

① 登録番号

② 登録年月日

③ 氏名・旧氏・通称

④ 出生の年月日

⑤ 男女の別

男女の別については、性自認への配慮から、印鑑登録原票に登録しない市区町村もあります。

⑥ 住所

⑦ 外国人住民がカタカナ表記で登録する場合のカタカナ表記

印鑑登録原票は、住民票と同様にコンピュータのハードディスクなどの磁気ディスクに記録・保管することができます。事務処理要領では、印影は可視台帳（紙など目で見ることができる台帳）が原本であり、磁気ディスクに記録された印影は写しであるとされていますが、市区町村によっては磁気ディスクを原本として可視台帳を備えないケースもあります。

7　印鑑登録証

印鑑を登録したら印鑑登録証を交付します。印鑑登録証は本人または代理人に直接交付します。手数料を徴収する場合は、手数料条例に規定された所定の手数料を徴収します。

印鑑登録証には、本人であってもこれを提示しない限り印鑑登録証明書の交付を受けることができない効力を有するとされていますが、近年は利便性の向上を図るため、印鑑登録証の提示がなくても本人確認により交付する市区町村もあります。

8　印鑑登録証明書

（1）印鑑登録証明書の概要

印鑑登録証明書は、印鑑の登録を受けている者に係る印鑑登録原票に登録された印影の写しについて証明するものです。証明書には次の事項もあわせて記載します。

① 氏名・旧氏・通称

② 出生の年月日

③ 男女の別

印鑑登録原票と同様に、性自認への配慮から③を記載しない市区町村もあります。

④ 住所

⑤ 外国人住民がカタカナ表記で登録した場合のカタカナ表記

7でも触れたとおり、申請にあたっては必ず印鑑登録証を提示してもらう必要があります。逆に他の証明書と違い、代理人による申請であっても印鑑登録証を提示すれば委任状は必要ありません。この場合でも、申請書への氏名・住所等の記載は必要であるため、拾った印鑑登録証で誰でも印鑑登録証明書が取得できるということはありません。

手数料を徴収する場合は、手数料条例に規定された所定の手数料を徴収します。

（2）印鑑登録証明書の郵送交付

上記のとおり、印鑑登録証明書の交付申請には印鑑登録証の提示が必要であることから郵送請求はできません。しかし、デジタル行政推進法の施行により行政手続きのオンライン原則と添付書類の撤廃が市区町村の努力義務とされたことを機に、電子申請による郵送交付を始めている市区町村があります。

電子申請で公的個人認証による本人確認を実施し、添付書類となる印鑑登録証の提示は省略できるものと規定するなどの例があります。郵送請求による郵送交付と電子申請による郵送交付ではまったく異なる手続きといえそうです。

なお、一般的に証明書交付では後払いは認められないので、電子申請時の手数料徴収はキャッシュレス決済が前提となるでしょう。

9　印鑑登録の抹消

印鑑登録は、次の場合に抹消されます。除票となった印鑑登録原票の保存期間は５年です。

①　印鑑登録の廃止申請があったとき

②　転出、死亡等したとき

③　氏名を変更し、印影の変更が必要なとき

印鑑登録証を亡失した場合は、同じ印鑑であっても一度抹消して、再度登録をする必要があります。印鑑登録証の再交付は行いません。

Ⅸ　ドメスティック・バイオレンス（DV）等被害者への支援措置

1　DV 等被害者支援措置の概要

DV 等の加害者が、住民基本台帳の一部の写しの閲覧、住民票の写し等の交付、戸籍の附票の写しの交付の制度を不当に利用して、被害者の住所などを探し出すことを防止し、被害者の保護を図ることを目的とした措置のことを「支援措置」といいます。

住民基本台帳の情報は、福祉、保健、税、教育等の市区町村の業務全般に利用されています。過去に DV 等の事案で殺人事件にまで至ってしまったケースでは、住基担当ではない部署が情報の漏えいを起こしてしまったものもあります。そのため、住民基本台帳の分野だけではなく、市区町村の業務全般においても最大限の配慮をはかり、DV 被害者等が安全に安心して生活をすることができるよう努めなければなりません。したがって、支援措置に携わる際に何よりも大事にしなければならないことは、他部署及び他市区町村との連携を積極的に図り、情報の共有を密に行うことです。

2　申出者

支援措置の申出は、次に掲げる者から受け付けます。

①　配偶者暴力防止法第１条第２項に規定する被害者であり、かつ、暴力によりその生命又は身体に危害を受けるおそれがある者

②　ストーカー規制法第７条に規定するストーカー行為等の被害者であり、かつ、さらに反復してつきまとい等をされるおそれがある者

③　児童虐待防止法第２条に規定する児童虐待を受けた児童である被

害者であり、かつ、再び児童虐待を受けるおそれがある者または監護等を受けることに支障が生じるおそれがある者

④　その他①から③に準ずる者

なお、申出者と住所が同じ者についても支援の対象に含めることが可能です。

申出にあたっては、警察、配偶者暴力相談支援センター、児童相談所等の意見が記載されたもの、または裁判所の発行する保護命令書等の提出により、支援の必要性を確認します。

支援措置の期間は1年間で、延長の申出が可能です。

支援措置の終了は、支援対象者から支援終了の申出を受けたとき、延長の申出がなく期間を経過したとき、支援の必要性がなくなったと認めるときです。

支援措置の延長の申出が漏れてしまうと必要な支援措置が受けられなくなるため、申出勧奨や事前に十分な説明を行うことが必要です。

3　制限の対象

制限の対象とするのは次のとおりです。

①　住民基本台帳の一部の写しの閲覧

②　住民票の写し等の交付（現住所地）

③　住民票（除票）の写し等の交付（前住所地）

④　戸籍の附票の写しの交付（本籍地）

⑤　戸籍の附票の写しの交付（前本籍地）

支援措置の目的は、加害者に住所を知られないようにすることです。したがって、支援を求めるタイミングは住所変更のタイミングであることが多くなります。反対に、加害者がすでにその住所を把握している場合は支援措置の対象とはなりません。また、公用請求、加害者以外の第三者からの正当な請求については制限の対象となりません。ただし、そ

の場合も加害者に住所が漏れることがないよう十分な確認や請求者（機関）に対する注意喚起が必要です。

支援措置の対象として決定したら、住基システムで住民票に制限をかける措置を行い、他部署への連絡と、関係する市区町村へ申出書の写しを転送します。実際には文書処理に時間がかかってしまうため、先に電話連絡によって制限を行うことがあります。これは、危害の発生がいつ起きるか不明であり、素早い対応が求められるためです。

COLUMN　住民基本台帳とPIA

特定個人情報保護評価（PIA：Privacy Impact Assessment）は、マイナンバー制度に対する懸念を踏まえた制度上のさまざまな保護措置の１つとして、番号利用法第28条に定められています。

マイナンバーを利用するシステムを開発・改修する前には必ずこのPIA実施の検討を行い、対象者数（システムを利用するマイナンバーと紐づく人の数）、取扱者数（対象者のデータを閲覧することができる権限を持つ人の数）、マイナンバーを含む個人情報（特定個人情報）が漏えいするなどの重大な事故の有無によって、全項目評価、重点項目評価、基礎項目評価、評価対象外の４ランクのいずれかの適切な評価を行います。

このPIAは、各団体が住民のマイナンバーをどのような事務で行い、安全に取り扱うためにどのような対策を事前に取っているかを目的に自ら評価し、住民に説明して、住民の信頼を確保する大切な仕組みです。

住民課に配属されたら、ぜひ特定個人情報保護評価の内容を確認し、どのようなものが保護の対象となっているか、住民のプライバシーを守るためにどのような対策を打たなければならないとされているかを確認してみてください。

COLUMN 手数料とキャッシュレス決済

コロナ禍を契機にキャッシュレス決済の利用率が大幅に増えました※。

非接触決済の導入が新型コロナウイルス感染症対応地方創生臨時交付金の対象となったこともあり、住民課窓口でキャッシュレス決済を導入する団体も増えてきました。

令和３年４月に地方自治法が改正され、決済指定代理納付者制度から指定代理納付受託制度に代わりました。自治体の会計は現金主義なので、キャッシュレスで決済したときではなく、実際にキャッシュレス事業者等から現金が入金されたときに、決済日に遡って納付したとみなされることとされています。改正前は、万が一キャッシュレス事業者等から自治体への振り込みが滞るなどした場合は、キャッシュレス決済した本人から徴収しなければなりませんでしたが、改正後の指定代理納付受託制度では、原則として受託者から徴収することとされました。歳入を納める責任が明確化されたことでキャッシュレス決済を導入する際のハードルが１つ下がったといえるでしょう。そもそも支払いが滞るような財政基盤や社会的信用が乏しい事業者と契約しないよう審査することが重要です。

実際の入金日がずれることに伴う日計処理や決済事業者に支払う手数料の会計処理は、市区町村によって少しずつ異なっており、会計課や財政課との調整が必要です。ある団体ではキャッシュレス決済導入を機に、証明書種類ごとに解れていた調定科目を１科目にまとめたため、現金分も含めて事務処理の簡素化につながったようです。

決済事業者へのキャッシュレス決済事務の手数料徴収の経費としてを自治体が負担することになりますが、利用者には利用額に応じたポイントが付与される場合があり、公平性に疑問を持つ人もいるでしょう。キャッシュレス決済の利用が一般的になり、電子申請の取り組みを進めていくにもキャッシュレス決済は必要な仕組みです。経費という面ではコンビニ交付なども機器やシステム利用に経費が発生しています。このような経費を窓口交付に転嫁することは理解を得られないでしょう。「証明書１通あたりの適切な手数料額」の謎は深まるばかりです。

（参考）
導入ガイドラインとして（一社）キャッシュレス推進協議会から「公共施設・自治体窓口におけるキャッシュレス決済導入手順書」が発行されています。https://paymentsjapan.or.jp/publications/guidelines

※「2020年版 一般消費者におけるキャッシュレス利用実態調査レポート」NECソリューションイノベータ（株）

4

第４章

マイナンバー対応

Ⅰ　マイナンバー制度

1　マイナンバー制度の目的

マイナンバー制度は社会保障・税番号制度とも呼ばれ、番号利用法に基づき運用されています。

では、マイナンバー制度の目的とは何でしょうか。番号利用法第１条には次のように記載されています。

番号利用法第１条

（目的）

第１条　この法律は、行政機関、地方公共団体その他の行政事務を処理する者が、個人番号及び法人番号の有する特定の個人及び法人その他の団体を識別する機能を活用し、並びに当該機能によって異なる分野に属する情報を照合してこれらが同一の者に係るものであるかどうかを確認することができるものとして整備された情報システムを運用して、効率的な情報の管理及び利用並びに他の行政事務を処理する者との間における迅速な情報の授受を行うことができるようにするとともに、これにより、行政運営の効率化及び行政分野におけるより公正な給付と負担の確保を図り、かつ、これらの者に対し申請、届出その他の手続を行い、又はこれらの者から便益の提供を受ける国民が、手続の簡素化による負担の軽減、本人確認の簡易な手段その他の利便性の向上を得られるようにするために必要な事項を定める（以下略）

かなり難解ですね。これをわかりやすく表現したものが以下の「マイナンバー制度 3つの目的」です。

「マイナンバー制度 3つの目的」

1. **公平・公正な社会の実現**　給付金などの不正受給の防止
2. **国民の利便性の向上**　面倒な行政手続きが簡単に
3. **行政の効率化**　手続をムダなく正確に

なお、マイナンバーは番号利用法上「個人番号」といいますが、国においても「個人番号」を「マイナンバー」と、「個人番号カード」を「マイナンバーカード」と呼称しているため、この章においても原則「マイナンバー」「マイナンバーカード」と表記します。

2　マイナンバーの特徴

マイナンバーは 12 桁であるほか、次のような特徴があります。

（1）悉皆性《しっかいせい》

住民票に記載されている住民に1つの番号が付番（番号利用法では「指定」といいますが、この章では「付番」と表記します。）されています。

（2）唯一無二性

1人1番号で重複しないように付番しています。

（3）不可逆性

マイナンバーは住民票コードを基に生成されますが、マイナンバーから住民票コードを復元することはできません。

（４）民間利用

同じ悉皆性を持つ住民票コードと異なり、勤務先における源泉徴収事務など限られた範囲で民間での利用が可能です。

３　マイナンバーが利用できる事務

マイナンバーが利用できる事務は「社会保障」「税」「災害対策」の分野に限られており、具体的には番号利用法第９条に規定されています（主に同条第１項で定める別表第１に規定されています。）。例外規定はなく、目的外の利用は一切できません。

また、同条第２項の規定により、自治体は社会保障、地方税、防災その他これらに類する事務を条例で定めることで、独自利用事務としてマイナンバーを利用することができます。番号利用法別表第一に掲げる事務と独自利用事務を合わせて、「個人番号利用事務」といいます。

なお、２（４）の民間利用は、同条第４項の規定により個人番号利用事務に関して行われる、マイナンバーを必要な限度で利用して行う事務のことです。これを「個人番号関係事務」といいます。

４　住民基本台帳事務とマイナンバー

住民基本台帳事務とマイナンバーの関係は少し特殊です（右のコラム参照）。マイナンバーを住民一人ひとりに付番するには住基ネットの住民票コードを使用し、情報提供ネットワークを通じた情報連携に必要な符号も住基ネット経由で取得します。住基法におけるマイナンバーは住民票記載事項の１つに過ぎませんが、住基ネットを介して住民基本台帳事務と深く関わりを持つことから、住民基本台帳事務はマイナンバー制度のインフラといえる役割を果たしています。

5　戸籍事務とマイナンバー

戸籍事務は、マイナンバーの利用事務ではありませんでしたが、令和元年５月の戸籍法の一部を改正する法律により、個人番号利用事務となりました。後述しますが、この法改正が全面施行され、令和６年を目標にシステムの構築がなされた際には、

1．行政手続きにおける戸籍謄抄本の添付省略
2．戸籍の届出における戸籍謄抄本の添付省略
3．本籍地以外での戸籍謄抄本の発行

などが行われる予定です。

COLUMN　住民基本台帳事務とマイナンバー

マイナンバーを利用することができる事務は、番号利用法第９条に規定された事務でなければなりません。ところが、マイナンバーを付番したり、住民票にマイナンバーを記載したりする住民基本台帳事務は、同条に掲げられた事務ではありません。マイナンバーの付番や通知は、それぞれ番号利用法第８条と第７条、マイナンバーの住民票への記載は住基法第７条というように、それぞれの法律で個別に規定されています。住民基本台帳事務がマイナンバーの「利用」はしないものの、マイナンバーの付番や通知といった事務を行っているのは、マイナンバーの基盤を担う住民基本台帳事務ならではの特殊な事情といえるでしょう。

Ⅱ マイナンバーの付番と通知

1　マイナンバーの付番

マイナンバーの付番はいつ行うのでしょうか。番号利用法第７条１項では、「住民票に住民票コードを記載したときは（中略）個人番号として指定し」とあり、付番のタイミングは住民票コードを住民票に記載したときであることがわかります。

（１）初期付番

マイナンバー制度は平成 27 年 10 月５日から始まり、同日に住民票に記載されていた人には、住民票コードを基にして一斉にマイナンバーが付番されました。これを「初期付番」と呼んでいます。

（２）初期付番以降の付番

初期付番で付番されなかった人には、その後最初に住民票コードを住民票に記載するタイミングで付番が行われます。出生により、新たに住民票に記載された場合や、海外から転入した場合などがこれにあたります。

また、初期付番の時点で住所不定等により住民票に記載されていなかった人はマイナンバーも付番されていないため、その後にあらためて住民票に記載されたときに付番されます。

（３）マイナンバーの変更

マイナンバーは原則として変更することはできません。マイナンバーが漏えいして不正に用いられるおそれがあると認められる場合に限り、本人からの請求または市区町村長の職権により変更することができます。

2　マイナンバーの通知

（1）個人番号通知書の送付

マイナンバーが付番されると、個人番号通知書によって本人にマイナンバーが通知されます。従来は通知カードを送付していましたが、令和2年5月25日の法改正に伴い、通知カードは廃止され、個人番号通知書によりマイナンバーが通知されるようになりました。

なお、個人番号通知書は確実に届くよう、転送不要の簡易書留で郵送されます。

個人番号通知書の中央右部はマイナンバーカードの申請書になっており、別途申請書を入手しなくて済むよう工夫されています。

個人番号通知書

令和 2年 6月NN日発行
□□区長

個人番号通知書

個人番号　0123 4567 8901
氏　　名　番号　花子
生年月日　令和 2年 6月 1日

○ 本通知書はあなたの個人番号(マイナンバー)をお知らせするためのものです。

○ 本通知書は「マイナンバーを証明する書類」や「身分証明書」としては利用できません。「マイナンバーを証明する書類」が必要な場合には、マイナンバーカードをご提示いただくか、マイナンバー入りの住民票の写しまたは住民票記載事項証明書をご提出ください。

○ 本通知書の再発行は行いません。

マイナンバーカードの申請について

○ マイナンバーカードの申請にはスマートフォンやタブレットによるオンライン申請が便利です。顔写真データをご準備のうえ、右記のQRコードを読み取ってください。

○ 郵送によりマイナンバーカードを申請する場合には、同梱の封筒と交付申請書をご利用ください。その他の申請方法については同梱のパンフレットをご確認ください。

交付申請用QRコード

※ なお、マイナンバーカードを申請した場合、申請状況の問い合わせに必要なあなたの申請書IDは【1234 5678 9012 3456 7890 123】です。

○ マイナンバーカードの受け取りには本人確認が必要ですが、申請時に本人確認を行う場合には、本通知書を提示することで、手続が簡素化できる場合があります。マイナンバーカードの申請に関する詳細については、同梱のパンフレットまたはマイナンバーカード総合サイト（https://www.kojinbango-card.go.jp/）をご覧ください。

お問い合わせ先：0120-95-0178
（マイナンバー総合フリーダイヤル）
平日9時30分～20時00分
土日祝9時30分～17時30分
（年末年始を除く）

視覚障がい者用
音声コード

202004241　110000　0000002　00000014　2/3

みほん

（2）個人番号通知書の利用用途

個人番号通知書には、氏名、生年月日、マイナンバー等が記載されていますが、マイナンバーを証明する書類として利用することはできません。

また、紛失等による再発行はできません。

3　通知カードの廃止

（1）廃止後の通知カードの取扱い

前述のとおり、法改正により令和2年5月25日、通知カードは廃止となりました。それに伴い通知カードの再交付申請ならびに記載事項変更は手続き終了となりました。

今後、氏名・住所等に変更が生じた通知カードは、マイナンバーを証明する書類としては使用できなくなります。

ただし、以下の事項に該当する場合は、マイナンバーを証明する書類として引き続き利用可能となります。

① 現在の通知カードの記載事項（氏名・住所・生年月日・性別・個人番号）に変更がない場合

② 令和2年5月25日までに改姓や転居等により記載事項に変更があったが、令和2年5月25日までに記載変更手続きが取られている場合

なお、通知カードには氏名・住所等が記載されていますが、用途はあくまでもマイナンバーの通知と確認のためであり、身分証明書として使用することはできません（平成27年8月28日府番286号・総行住103号「通知カード等の本人確認書類としての取扱いについて」）。

通知カードの廃止後も、マイナンバーカードの交付申請書による申請

を受け付けることができます。

通知カード 兼 マイナンバーカードの交付申請書

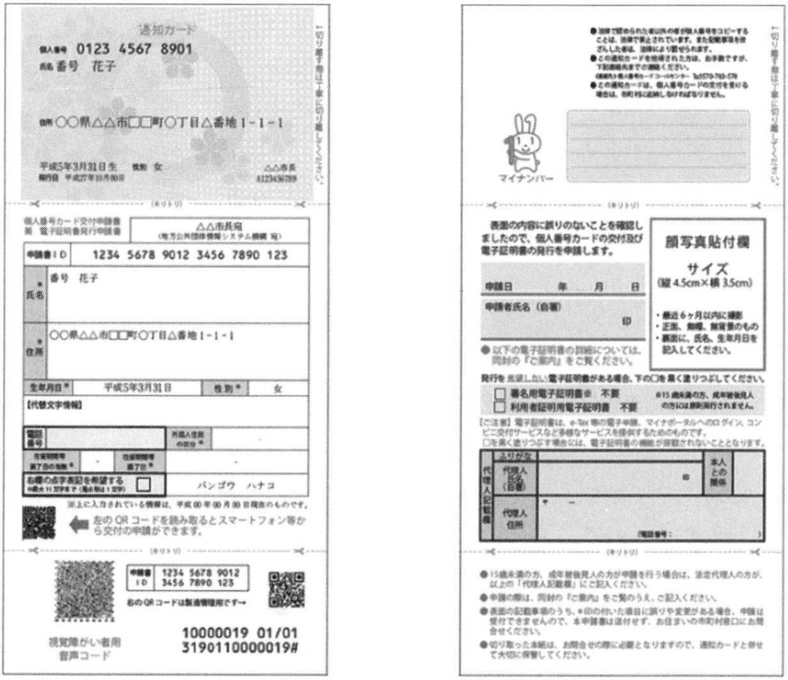

Ⅲ　マイナンバーカード

マイナンバーカードは、マイナンバーの通知後に、希望者に対し交付される顔写真付きのカードです。マイナンバー制度では、本人確認の際に身元確認と番号確認を合わせて行わなければならず、マイナンバーカードはその両方を同時に確認できる唯一の証明書となっています（マイナンバーに関する申請等を行う場合、通知カードやマイナンバーが記載された住民票の写しでは、他に身分証明書の提示が必要となります。）。

また、IC チップに電子証明書が搭載されているため、コンビニ交付や電子申請等のさまざまなサービスを利用することが可能です。

1　マイナンバーカードの券面記載事項等

マイナンバーカードの券面には次の事項が記載されています。

（1）表面

① 氏名・旧氏・併記名・通称

② 住所

③ 生年月日

④ 性別

⑤ マイナンバーカードの有効期限

⑥ 交付地市区町村長名

⑦ 照合番号の一部として利用する 16 桁の英数字

⑧ 照合番号の一部として利用する 4 桁の数字

⑨ 顔写真

なお、券面記載事項に変更が生じた場合に使用する追記欄は表面に設けられています。

マイナンバーカード（表）

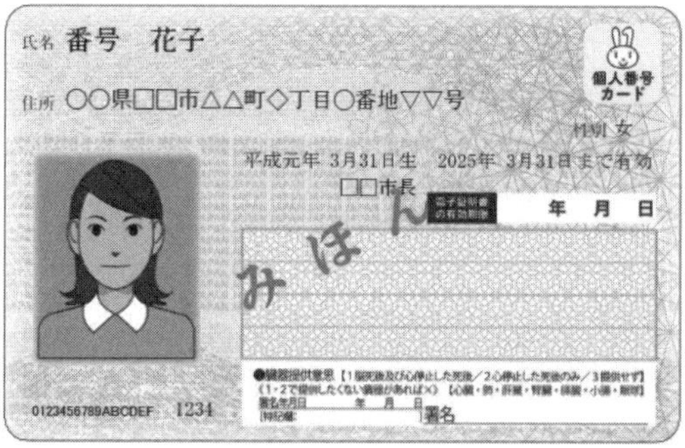

（2）裏面

①　マイナンバー

②　氏名・旧氏・併記名・通称

③　生年月日

④　マイナンバーが記録された二次元コード

マイナンバーカード（裏）

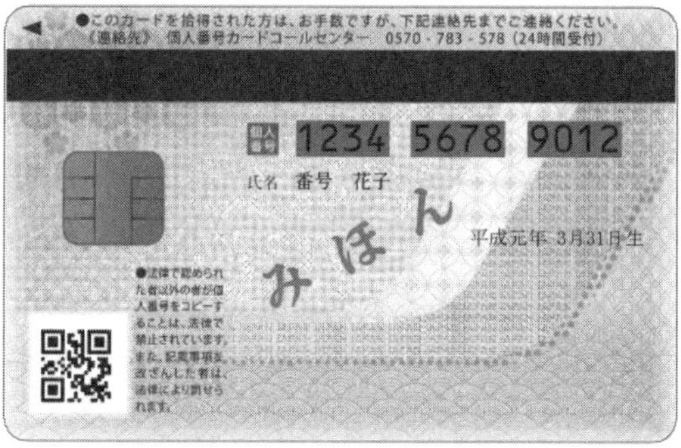

（3）内部記録事項

IC チップには次の事項が記録されています。

①　住民票コードとその暗証番号

②　券面事項確認情報

券面記載事項のうち（1）①②③④⑤⑧⑨及び（2）①

券面が偽造されたものでないことを確認するために利用します。

③　券面事項入力補助情報とその暗証番号

券面記載事項のうち（1）①②③④及び（2）①とその電子署名データ

券面事項をテキストデータで取り出す場合に利用します。

④　公的個人認証サービス情報

署名用電子証明書、利用者証明用電子証明書、その他暗証番号等

（4）有効期間

マイナンバーカードの有効期間は、20 歳以上の者については 10 年間、20 歳未満の者については 5 年間としていました。しかし、平成 30 年 6 月 20 日に公布された民法の一部を改正する法律(平成 30 年法律第 59 号)により、令和 4 年 4 月 1 日から、民法の成年年齢を 20 歳から 18 歳に引き下げることとなりました。これに伴い、マイナンバーカードの有効期間についても 20 歳から 18 歳に変更となりました。

成年年齢変更後のマイナンバーカードは、次の区分に応じた有効期間となります。

①　日本人、永住者または高度専門職第 2 号である中長期在留者、特別永住者

ア　発行日において 18 歳以上の者

発行日から発行日後 10 回目の誕生日まで

イ　発行日において18歳未満の者

発行日から発行日後５回目の誕生日まで

②　永住者又は高度専門職第２号以外の中長期在留者

発行日から在留期間の満了日まで

在留期間の更新があった場合は、下記変更後のマイナンバーカード発行基準日を考慮し、マイナンバーカードの有効期間を更新しましょう。

変更後のマイナンバーカード発行基準日について

省令改正の施行前後における有効期間の判定については、カード発行者であるJ-LIS（地方公共団体情報システム機構）が交付申請書を受理した日が基準となります。

・申請受付日が令和４年４月１日より前の場合：
20歳以上の者は発行日から発行日後10回目の誕生日まで
（20歳未満は、発行日から発行日後５回目の誕生日まで）

・申請受付日が令和４年４月１日以降の場合：
18歳以上の者は発行日から発行日後10回目の誕生日まで
（18歳未満は、発行日から発行日後５回目の誕生日まで）

2　申請

（1）申請方法

マイナンバーカードを交付する際は、市区町村長に対し交付申請書を提出しなければなりません。主な申請方法は以下のとおりです。

①　郵便による申請

交付申請書に署名または記名押印し、顔写真を貼り付けて郵送します。

② パソコンによる申請

交付申請用のウェブサイトで必要事項を入力し、事前に撮影した顔写真を添付して送信します。

③ スマートフォンによる申請

パソコンと同様に、交付申請用のウェブサイトから事前に撮影した顔写真を添付して送信します。交付申請書の二次元コードを読み込んでアクセスすると、必要事項の入力が一部省略できます。

④ 証明写真機による申請

街なかに設置されているカード申請機能付きの証明写真機から、写真撮影と同時に申請することができます。

（2）二重交付の禁止

紛失等による再交付や、有効期限までの期間が3か月未満となった場合、追記欄の余白がなくなった場合を除き、すでにマイナンバーカードの交付を受けている場合は、交付申請を受け付けることはできません。

（3）交付申請書情報の更新

氏名（ふりがなを含みます。）、住所、生年月日、性別、マイナンバー、住民票コードのいずれかに変更があった場合は、統合端末から交付申請書情報を更新する必要があります。これは、氏名等を交付申請書情報としてJ-LISが保有しており、J-LISはこの交付申請書情報を基にマイナンバーカードの作成を行うからです。更新しなければ、古い情報でマイナンバーカードが作成されてしまいます。

なお、住民が現に来庁している場合には、更新後に統合端末から出力した交付申請書を手渡し、その交付申請書で交付申請を行うよう案内することが適当です。

（4）交付申請の取消し

交付申請者から交付申請の取消しの申出を受けた場合には、本人確認のうえ、交付取りやめ処理を行います。電話による申出や代理人による申出も可能です。

交付申請取消しの申出の受理状況については、対象者や申出者、受理日、取消理由等を記載した市区町村任意の記録簿を作成することとされています。

3　発行

（1）関連事務の委任

マイナンバーカードの発行は、本来市区町村が行うものですが、発行を含む関連事務はJ-LISに委任することができるとされており（カード省令第35条）、すべての市区町村が関連事務を委任しています。委任できる関連事務には個人番号通知書の作成なども含まれており、おおむね次のとおりです。

①　個人番号通知書と交付申請書、その他同封する印刷物の作成及び発送

②　①に関する状況の管理

③　交付申請書、再交付申請書の受付及び保存

④　マイナンバーカードの作成

⑤　交付通知書の作成

⑥　マイナンバーカード紛失時における電話による一時停止の受付

⑦　マイナンバーカードの作成と運用に関する状況の管理

⑧　個人番号通知書及びマイナンバーカードに関する住民からの問い合わせ対応

（2）交付通知書

J-LISでマイナンバーカードの発行が終わると、マイナンバーカードとともにJ-LISで作成された交付通知書が市区町村に送付されます。市区町村はこの交付通知書を申請者に送付し、交付の準備が整った旨を申請者に通知します。

交付通知書はそのまま郵送できるよう、申請者の宛名が記載されたハガキとなっています。交付予約の方法など市区町村独自の案内を一緒に送付したい場合は、このハガキと一緒に封筒などで送付します。

J-LISで作成された交付通知書（表）

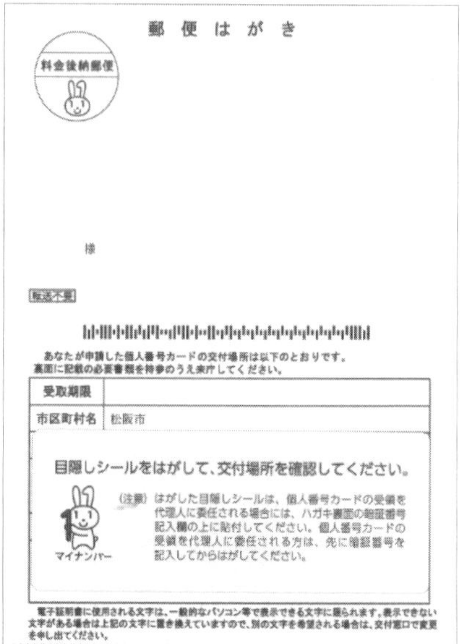

郵便はがき

料金後納郵便

様

転送不要

あなたが申請した個人番号カードの交付場所は以下のとおりです。
裏面に記載の必要書類を持参のうえ来庁してください。

受取期限	
市区町村名	松阪市

目隠しシールをはがして、交付場所を確認してください。

（注意）はがした目隠しシールは、個人番号カードの受領を代理人に委任される場合には、ハガキ裏面の暗証番号記入欄の上に貼付してください。個人番号カードの受領を代理人に委任される方は、先に暗証番号を記入してからはがしてください。

マイナンバー

電子証明書に使用される文字は、一般的なパソコン等で表示できる文字に限られます。表示できない文字がある場合は上記の文字に置き換えていますので、別の文字を希望される場合は、交付窓口で変更を申し出てください。

松阪市役所　戸籍住民課
三重県松阪市殿町１３４０番地１

J-LISで作成された交付通知書（裏）

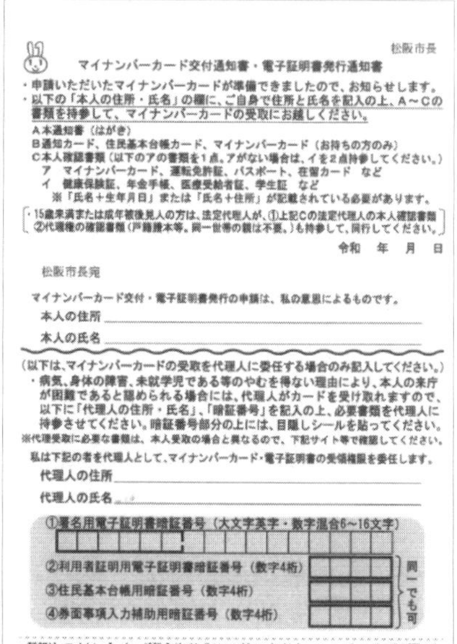

松阪市長

マイナンバーカード交付通知書・電子証明書発行通知書

・申請いただいたマイナンバーカードが準備できましたので、お知らせします。
・以下の「本人の住所・氏名」の欄に、ご自身で住所と氏名を記入の上、A～Cの書類を持参して、マイナンバーカードの受取にお越しください。

A本通知書（はがき）
B通知カード、住民基本台帳カード、マイナンバーカード（お持ちの方のみ）
C本人確認書類（以下のアの書類を1点、アがない場合は、イを2点持参してください。）
ア　マイナンバーカード、運転免許証、パスポート、在留カード　など
イ　健康保険証、年金手帳、医療受給者証、学生証　など
※「氏名＋生年月日」または「氏名＋住所」が記載されている必要があります。

［・15歳未満または成年被後見人の方は、法定代理人が、①上記Cの法定代理人の本人確認書類②代理権の確認書類（戸籍謄本等。同一世帯の親は不要。）も持参して、同行してください。］

令和　年　月　日

松阪市長宛

マイナンバーカード交付・電子証明書発行の申請は、私の意思によるものです。

本人の住所＿＿＿＿＿＿＿＿

本人の氏名＿＿＿＿＿＿＿＿

（以下は、マイナンバーカードの受取を代理人に委任する場合のみ記入してください。）

・病気、身体の障害、未就学児である等のやむを得ない理由により、本人の来庁が困難であると認められる場合には、代理人がカードを受け取れますので、以下に「代理人の住所・氏名」、「暗証番号」を記入の上、必要書類を代理人に持参させてください。暗証番号部分の上には、目隠しシールを貼ってください。

※代理受取に必要な書類は、本人受取の場合と異なるので、下記サイト等で確認してください。

私は下記の者を代理人として、マイナンバーカード・電子証明書の受領権限を委任します。

代理人の住所＿＿＿＿＿＿＿＿

代理人の氏名＿＿＿＿＿＿＿＿

①署名用電子証明書暗証番号（大文字英字・数字混合6～16文字）
②利用者証明用電子証明書暗証番号（数字4桁）
③住民基本台帳用暗証番号（数字4桁）
④券面事項入力補助用暗証番号（数字4桁）
同一でも可

・詳細は、マイナンバーカード総合サイト（https://www.kojinbango-card.go.jp）をご覧いただくか、コールセンター（0120-95-0178）または市町村にお問い合わせください。

4　交付

交付は、原則対面により行わなければなりません（番号利用法施行令第13条第2項）。これは、マイナンバーカードが番号利用法上の本人確

認に利用されるほか、金融機関等の窓口で身分証明書として利用されることを想定しており、交付時における本人確認を厳格に行う必要があるからです。

ただし、2（1）の申請方法によらず窓口で申請し、申請時に対面での本人確認を行った場合は、本人限定受取郵便等の方法で交付することができます（同項ただし書き）。この交付方式は、大きく分けて交付時来庁方式と申請時来庁方式の2種類あり、申請方法との組み合わせにより全部で以下の5種類の方式が実施されています。

（1）交付時来庁方式

申請を2（1）の方法により行い、交付時に来庁する方式です。すべての市区町村において基本的な交付方法となっています。

図4-1　交付時来庁方式

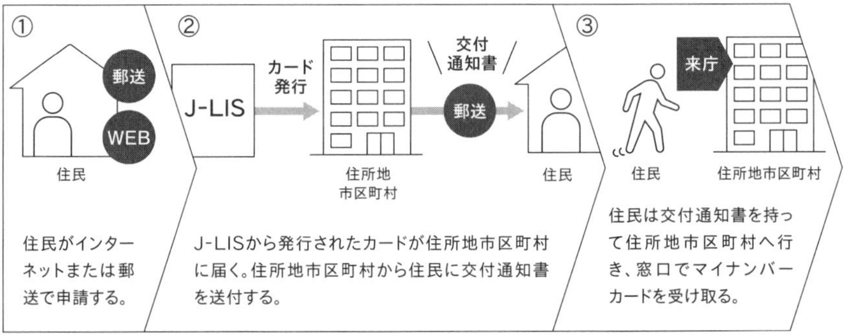

（2）申請時来庁方式

申請するときのみ窓口に来庁する方式です。申請時に本人確認等の所定の手続きを行い、交付は本人限定受取郵便等で行います。

図4-2　申請時来庁方式

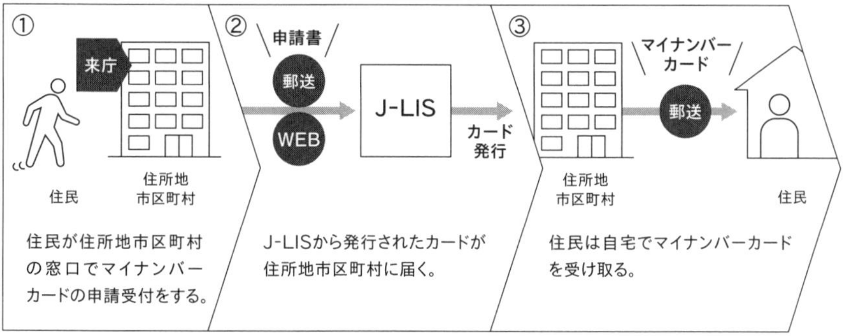

（3）勤務地等一括申請方式

交付時来庁方式の派生形で、勤務先企業等において従業員の申請を一括して行う方式です。企業等は申請書の取りまとめだけを行い、交付は従業員自らが交付窓口に出向いて行います。

図4-3　勤務地等一括申請方式

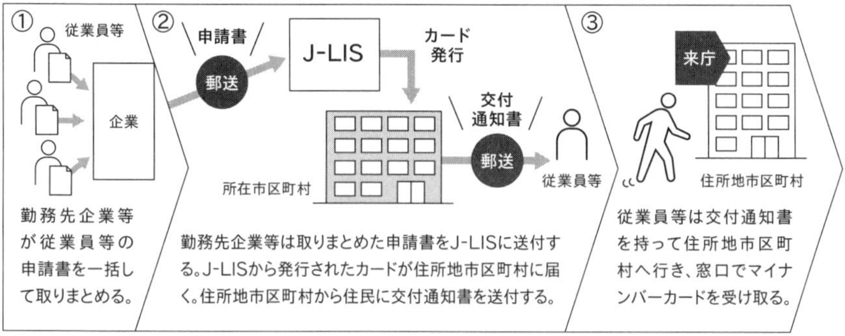

（4）勤務地等経由申請方式

申請時来庁方式の派生形で、勤務先企業等の所在市区町村の職員が勤務先企業等に出張し、従業員等の本人確認を一括して行う方式です。本人確認が済んでいるため、交付は本人限定受取郵便等で行います。

図4-4　勤務地等経由申請方式

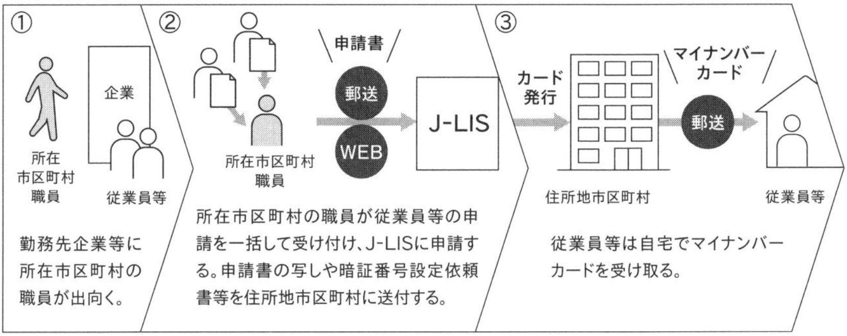

（5）居所地経由申請方式

申請時来庁方式の派生形で、住所地市区町村以外に居所を構える被災者やDV被害者に対する方式です。被災者やDV被害者のなかには住民票を居所に異動できず、住所地市区町村の窓口に来庁することが困難な人もいます。この方式はこうした事情に配慮したものです。

図4-5　局所地経由申請方式

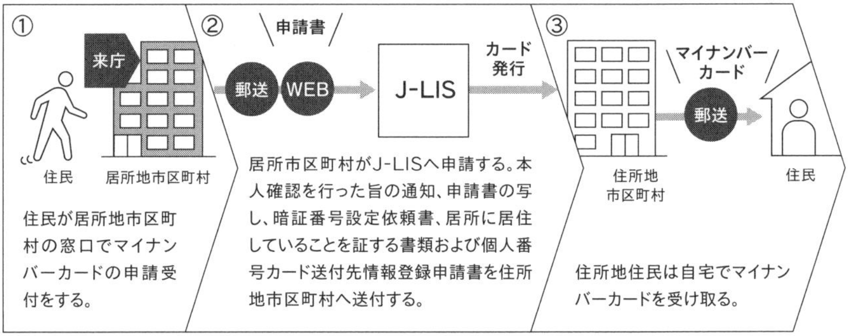

5　その他の手続き

（1）転入届の受理の際に講ずべき処理

マイナンバーカードの交付を受けている者が転入届をする場合には、マイナンバーカードを転入届と同時に提出させ、届出の年月日及び新たな住所を表面の追記欄に記載します。

（2）券面記載事項の変更届出

マイナンバーカードの券面記載事項に変更が生じた場合は、変更内容等を記載した変更届を提出させ、変更内容を表面の追記欄に記載します。

（3）暗証番号の変更

1（3）①③④（118ページ）の暗証番号を変更しようとする者に変更申請書を提出させ、申請者本人に新しい暗証番号を設定させます。

（4）マイナンバーカードに関する手続き一覧

これまで挙げたものも含めて、マイナンバーカードに関する手続きはおおむね以下のとおりです。詳細は今後の事務を行うなかで事務処理要領等により確認してください。

①　マイナンバーカード交付申請書
②　マイナンバーカード交付／再交付申請取消申出書
③　マイナンバーカード在留期間更新に伴う有効期間変更申請書
④　マイナンバーカード交付通知書兼照会書
⑤　マイナンバーカード暗証番号設定依頼書兼マイナンバーカード送付先情報登録申請書
⑥　マイナンバーカード再交付申請書
⑦　マイナンバーカード券面記載事項変更届
⑧　マイナンバーカード暗証番号変更・再設定申請書

⑨　マイナンバーカード紛失・廃止届

⑩　マイナンバーカード一時停止解除届

⑪　マイナンバーカード返納届

（5）マイナンバーカードの交付手数料

マイナンバーカードの交付に係る手数料を徴収するために各市区町村の手数料条例で規定していましたが、法改正（行政手続における特定の個人を識別するための番号の利用等に関する法律）により、手数料条例での規定は不要となりました。

法改正後のマイナンバーカードに係る再交付手数料の徴収の事務については、J-LISが行っています。事務の流れとしては、申請者から手数料を徴収するものの、各市区町村の歳入とはせず、歳入歳出外現金として預かり、J-LISに支払っています。

ただし、当面の間、発行経費に対し国庫補助が行われるため、紛失等による再発行を除き無料とされています。

6　公的個人認証サービス

1（3）④（118ページ）でも触れた公的個人認証サービスとは、電子証明書などの安全性が高い技術を利用し、他人によるなりすましやデータの改ざんを防ぐための機能を提供するものです。

公的個人認証サービスは、マイナンバー制度が始まる以前から実施されており、また番号利用法によって規定されたものではありません。しかしながら、手続きにあたってはマイナンバーカードに関する手続きと同時に行うことが多いため、ここで紹介したいと思います。

（1）電子証明書の種類

マイナンバーカードのICチップに搭載される電子証明書には、以下の２種類があります。

①　署名用電子証明書

署名用電子証明書は、インターネット上で電子文書を送信する際などに文書が改ざんされていないことを証明するものです。書面での手続きにおける印鑑登録証明書に相当するといえます。

②　利用者証明用電子証明書

利用者証明用電子証明書は、インターネット上のウェブサイトを閲覧する際に利用者本人であることを証明するものです。対面での手続きにおける身分証明書に相当するといえます。

表４-１　署名用電子証明書と利用者証明用電子証明書との比較

	署名用電子証明書	利用者証明用電子証明書
代表的な利用例	e-Tax での電子申告 登記・供託オンライン申請システムでの電子申請	コンビニ交付 マイナポータルへのログイン
利用できるカード	マイナンバーカード	マイナンバーカード
パスワード	英字・数字を混在させた６～16文字	４桁の数字
基本4情報	あり	なし
基本4情報の異動による失効	失効する	失効しない
住民票の消除による失効	失効する	失効しない
有効期間	発行日から５回目の誕生日まで	発行日から５回目の誕生日まで

（２）電子証明書に関する手続き一覧

電子証明書に関する手続きは、「電子署名等に係る地方公共団体情報システム機構の認証業務に関する法律」に基づき行われます。マイナンバーカードと異なり、電子証明書の発行者はJ-LISです。市区町村は各種申請等の窓口として、発行申請の受付や電子証明書の交付等を行います。

電子証明書に関する手続きはおおむね以下のとおりです。①②⑤⑥はマイナンバーカードに関する手続きと様式を統合することが可能です。

① 署名用電子証明書／利用者証明用電子証明書　新規発行／更新申請書

② 署名用電子証明書／利用者証明用電子証明書　失効申請／秘密鍵漏えい等届出書

③ 認証業務情報開示請求書

④ 認証業務情報訂正等請求書

⑤ 電子証明書暗証番号変更／電子証明書暗証番号初期化申請書

⑥ 利用者証明用電子証明書一時保留解除届

統合様式の例

【手書用】

個人番号カード交付申請書　兼　電子証明書発行/更新申請書

（地方公共団体情報システム機構　宛）　長宛

個人番号※1				顔写真貼付欄 サイズ （縦 4.5cm × 横 3.5cm） ・最近 6 ヶ月以内に撮影 ・正面,無帽,無背景のもの ・裏面に、氏名、生年月日を記入してください。	
氏名※2					
住所※2					
生年月日※2		性別※2	男 ・ 女		
（旧氏又は通称 ※2･3）					
電話番号※4				外国人住民の区分	
点字※5	点字表記を希望する（最大24文字まで、濁点等は1文字）□			在留期間等満了日の有無	
				在留期間等満了日	

※1 記載された個人番号に誤りがあると、個人番号カード及び電子証明書を正しく発行できませんので、誤りのないよう十分にご確認ください。
※2 氏名、住所、生年月日、性別については、住民票に記載の情報が個人番号カードと電子証明書に記載されます。
※3 あらかじめ住民票への旧氏又は通称の記載手続を行っている方は、個人番号カードと電子証明書に旧氏又は通称が記載されます。
※4 申請内容に不備がある場合は電話で連絡することがありますので、日中に連絡のつく電話番号を記入してください。
※5 氏名の点字表記をご希望の場合、□を黒く塗りつぶしてください。住民基本台帳ネットワークシステムの本人確認情報として登録されているふりがな（最大 24 文字まで、濁点等は 1 文字）が点字で表記されます。

以上の内容に間違いのないことを確認しましたので、個人番号カードの交付及び電子証明書発行を申請します。

申請日　　年　　月　　日

申請者氏名

【ご注意】を必ずご確認いただき、電子証明書の発行を受けないこととする場合は、□を黒く塗りつぶしてください。

□ 署名用電子証明書※

□ 利用者証明用電子証明書

※15 歳未満の方、成年被後見人の方には原則発行されません。

【ご注意】電子証明書は、マイナポイントや健康保険証としての利用、住民票の写しなどのコンビニ交付サービス、e-Tax 等の電子申請、マイナポータルへのログインなど多様なサービスの提供に必要となります。

15 歳未満の方、成年被後見人の方が申請を行う場合は、以下に代理人氏名、住所、電話番号、本人との関係を記入してください。

代理人記載欄	ふりがな		本人との関係	
	代理人氏名			
	代理人住所	〒 （電話番号：　　）		

※ 申請内容に不備のある場合は電話で連絡することがありますので、日中に連絡がつく電話番号を記入してください。

事務処理記載欄	

（3）電子証明書の手数料

電子証明書に係る手数料は、発行者であるJ-LISが定めた額を市区町村が徴収します。徴収した手数料はJ-LISが定める方法によって管理します。

（4）署名用電子証明書用の暗証番号再設定

令和４年４月から、スマートフォンの専用アプリと一部のコンビニ等のキオスク端末を使ってマイナンバーカードの署名用電子証明書の暗証番号の初期化と再設定が可能となっています。ただし、利用者証明用電子証明書の暗証番号がわからなければ再設定ができない、スマートフォンの機種や操作できるコンビニ等の制約があるなど、案内には注意が必要です。

7　マイナンバーカードの活用方法

マイナンバーカードの交付率が全国で44％を超えました（令和４年４月現在）。ここでは、普及拡大中のマイナンバーカードの代表的な活用方法についてご紹介します。

（1）証明書コンビニ発行サービス

マイナンバーカードを利用して市区町村が発行する住民票の写しや印鑑登録証明書等が全国のコンビニエンスストア等のキオスク端末（マルチコピー機）から取得できるサービスです。また、住民登録のある市区町村と本籍地の市区町村が異なる場合は、事前に申請することで戸籍証明書も取得できます。

なお、市区町村によって取得できる証明書の種類や発行可能の時間が異なるため、自身が所属する市区町村ではどのようになっているか確認しておきましょう。

（2）マイナポータル

子育てや介護をはじめとする行政手続きのオンラインサービスです。行政手続きをワンストップで実施できるほか、行政機関等が保有する自己の情報や、行政機関等からのお知らせ内容を確認することもできます。

また、公金受取口座登録制度も活用できるようになりました。本制度は、マイナンバー制度を通して国に口座情報を登録することで、給付金の申請手続き等において口座情報の記載や通帳の写し等の添付等が不要になり、児童手当、年金、所得税の還付金等の幅広い給付金等の受取に活用することができるようになります。登録した公金受取口座は、マイナポータルからいつでも変更や削除を行うこともできます。

（3）e-Tax

紙での申請が必要だった確定申告も、マイナンバーカードがあればオンライン申告が可能です。オンライン申告の場合、還付処理がスピーディーになるため、３週間程度で還付金を受け取ることができます。

（4）健康保険証

令和３年３月よりマイナンバーカードを健康保険証として利用できるようになりました。病院や薬局の受付で健康保険証を提示する代わりに、マイナンバーカードを用いることができます。また、就職や転職、引越しをしても、マイナンバーカードを健康保険証として継続して利用することができます。

その他、マイナポータル上で薬剤情報や医療費の確認ができる、確定申告の医療費控除が簡単になるなどのメリットもあります。

（5）新型コロナワクチン接種証明書アプリ

令和３年 12 月 20 日に新型コロナワクチン接種証明書アプリが公開されました。このアプリにマイナンバーカードの IC チップを読み取り、ワクチン接種証明書（電子版）を取得できます。接種証明書は即時に取得でき、24 時間 365 日取得申請が可能です。国内用と海外用の証明書があり、氏名や生年月日を非表示にして証明書を提示することもできます。

（6）運転免許証との一体化

政府は令和６年度末までにマイナンバーカードと運転免許証の一体化実現を発表しています。マイナンバーカードに免許情報を記録した場合は、住所などの変更が生じた際、マイナンバーカードの情報を変更すれば、従来必要だった警察への届け出が不要となります。

さらに、免許更新時の手続きや講習のオンライン化など、スムーズな更新手続方法も予定されています。

（7）公金受取口座

預貯金口座の情報をマイナンバーとともに事前に国に登録しておくことにより、この口座情報を使って、以下が可能となります。

・緊急時の給付金等の申請において口座情報の届出等が不要になる
・年金、手当、税還付金等の給付金の受取口座に利用することができる

ただし、いずれも本人の申し出が必要であり、振り込みできる業務も個人番号利用事務である必要があります。

（8）マイナポイント

マイナポイントとは、マイナンバーカードを取得していて、なおかつ

キャッシュレス決済を利用した消費者を対象に付与されるポイント等の総称です。

申込期限が令和３年12月までのマイナポイント第１弾、同令和５年２月末までのマイナポイント第２弾が実施されています。マイナポイント第２弾では、３つの付与要件、それぞれに対しポイントの付与が行われました。

①マイナンバーカードの取得

②マイナンバーカードの健康保険証としての利用申込み

③公金受取口座の登録

COLUMN　マイナンバーは昔からあった!?

宛名番号、宛名コード、住民コード……。呼び方はいろいろですが、いずれも各市区町村の住基システムで個人ごとに付番される番号のことを指します。

住基システムで付番されたこの宛名番号は、住民一人ひとりを識別する番号として、各市区町村内のあらゆる住民系業務システムで使用されています。各業務システムでは、氏名・住所・生年月日・性別の基本４情報はもちろんのこと、課税や資格取得の基準日として住民日や消除日などの日付も重要となります。これらの情報が、宛名番号をキーとして庁内を流通しているのです。全国の個人を識別する番号としてはマイナンバーがありますが、マイナンバー制度が始まるずっと以前から、宛名番号は各市区町村独自のローカル・マイナンバーともいえる役割を担ってきました。

なお、個人を識別する宛名番号のほかに、世帯を識別する世帯番号もあります。世帯番号は住民票の世帯単位に付番され、世帯状況の把握が必要な業務で使用されます。

市区町村内の住民とその世帯の各業務をつなぐ識別番号の大源流が、住民基本台帳システムにはあるのです。

5

第５章

戸籍事務を知ろう！

I 戸籍制度の変遷

すでに説明したように、戸籍は、日本国民の身分関係を登録し公証するものとして定義されています。また、戸籍事務は、大別すると、戸籍の届出に関する事務と、届出等により戸籍簿に登録した内容を戸籍全部事項証明書といった証明書として公証する事務の２つに分類されます。

それでは、戸籍の変遷について解説したあと、それぞれの事務ごとにその概要を説明します。

戸籍制度の始まりは非常に古く、今から1300年以前の大化元（645）年に始まり、戸籍帳が編製されたのは652年、孝徳天皇時代の白雉（はくち、またはびゃくち）３年といわれています。そして、いわゆる近代的な戸籍制度の始まりは、明治４年に公布された戸籍法が始めとされています。その後、明治19年、明治31年、大正４年、昭和23年といったように、その当時の社会構造の変化とともに整備改良され、現在の戸籍法となっています。

また、平成６年の現行戸籍法（昭和23年戸籍法）の一部改正により、戸籍事務を電子情報処理組織、いわゆるコンピュータにより処理することも、特例として認められました。現在では、全国すべての市区町村でコンピュータにより戸籍事務を処理しています。

さらに、戸籍事務は、明治４年の戸籍法制度当初から「機関委任事務」とされてきましたが、平成12年４月１日から現行戸籍法が一部改正され、「法定受託事務」となり、その性格も大きく変わりました。

では、どのように、戸籍制度は整備改良されてきたのか、その変遷を簡単に整理してみます。

1　明治４年（５年）戸籍法

（1）概要

この戸籍法は、明治４年４月４日、太政官（現在でいう内閣）から公布され、翌明治５年２月１日から戸籍法33則として施行されたものです。施行の明治５年が壬《みずのえ》、申《さる》の年であったことから、「壬申《じんしん》戸籍」、あるいは、公布の年から「明治４年戸籍法」又は施行の年から「明治５年戸籍法」といわれています。

明治４年（５年）戸籍法時の様式

武蔵国荏原郡大森村三十番屋敷住居
父　荏原郡大森村　甲野義太郎亡長男
㊞
甲　野　義太郎
天保十三寅年十一月十八日生
同郡小林村　乙野秀雄五女　まつ
弘化二巳年七月十九日生
長男　太郎
明治十年四月十二日生
長女　フミ
明治十五年十二月五日生
氏神　○○社
○宗　○○寺

※すでに保存期間が満了となり、現在見ることはありません。

（2）様式

この戸籍法の様式は、現行戸籍の様式のように、本籍欄や筆頭者氏名欄、戸籍事項欄のような罫線の入ったそれぞれの記載欄は設けておらず、美濃紙の白紙を規格として、住所地において１戸ごとに編製することとされていました。

（3）記載事項

本籍、氏名、婚姻、離婚、縁組、離縁のほか、職業、印鑑、宗旨等も含まれていました。これを６年目ごとの一定時期に人口調査をして、そのときの居住状態、移動状況を把握し、さらに身分関係の変動もあわせて把握し、これを書き改めることとされていました。これを「改写」といいます。

言い換えれば、明治４年（５年）戸籍法は、現在でいうならば、戸籍、国勢調査、人口動態統計調査、住民基本台帳、印鑑の事務を一括したような機能を併せ持ったものであったということになります。

2　明治 19 年戸籍法

（1）人口調査によって書き改める制度の廃止と国勢調査の制定

明治４年戸籍法が当初予定していた、６年目ごとに人口調査をし、戸籍を書き改めるという制度（20 則、22 則、23 則）が、明治維新という政治、社会全般の激動、そして、産業の発展に伴う頻繁な人口移動のため実施不可能となり、施行後間もない、明治６年７月８日太政官布告第 242 号によって「追テ相違候迄不及施行候事」とされ、結局、この書き改める制度は廃止されました。

そして、一定時期における人口調査は、その後、明治 35 年法律第 49 号「国勢調査ニ関スル法律」として制定されました。しかし、この法律に基づく国勢調査が第１回として行われたのは約 20 年後の大正９年で

明治19年戸籍法時の様式

あったところからみても、明治４年（５年）戸籍法が予定していた６年目ごとの人口調査というものが、いかに容易でなかったかということがうかがえるのではないかと思います。

（２）職権記載から届出制度へ

明治４年（５年）戸籍法は、どちらかというと職権で調査をして、戸籍の記載をしていたという色彩が強かったわけですが、６年ごとの人口調査が実施されなくなったため、戸籍の記載は国民の届出を待たざるを得なくなりました。そのためにはまず、正確な届出をするための対策を講ずる必要から、明治19年９月28日内務省令第19号により「戸籍第５則出生死去出入等届出方及寄留者届出方並違背者処分ノ件」が制定され、その法令が発せられました。この法令により、出生、死亡、失踪者復帰、廃戸主、廃嫡、改名、復姓といった戸籍に関する事項の届出が義務化され、これら届出を正当な理由なくして怠った者については、「20銭以上１円以下の科料と処する」こととされ、国民にこれらの届出を強制するのと同時に正確な届出を期待することとなりました。

（３）様式

明治19年10月16日内務省令第22号で「戸籍取扱手続」が制定され、ここで初めて

・戸籍の様式（１条）
・戸籍簿の調製（２条）
・戸籍の記載方法（戸籍登記書式、同日付け内務省訓令第20号）
・戸籍簿永久保存の原則（15条）

が確立されました。

したがって、現在の戸籍の記載は届出によって行うという制度は、明治19年の戸籍法によって確立されたといわれています。

３　明治31年戸籍法

（１）いろいろな成文法の制定と戸籍法の改正

明治４年（５年）の戸籍法が、人の居住状態と身分関係を把握することを予定して出発したところ、当時の社会情勢の激動から予定どおり実施することができず、前述のとおり、明治19年の戸籍法によって手直しが行われました。そして、明治31年になると、

①　民法第４編第５編（明治31年６月21日法律第９号）
②　法例（明治31年６月21日法律第10号）
③　旧国籍法（明治32年３月16日法律第66号）

といった、成文法が次々と制定され、これに伴って戸籍法もそれらの法律に適合するように改正する必要にせまられ、明治31年６月15日法

明治31年戸籍法の様式

本籍　東京市麹町區元園町一丁目三番地
（朱）麹町四丁目六番地

大正參年拾貳月參拾壹日前戸主仁吉死亡ニ因リ家督相續届出大正四年壹月拾日受附㊞
大正四年八月拾日附辞令ヲ以テ華族ニ列セラル右届出同月拾七日受附㊞
麹町區麹町四丁目六番地ニ轉籍届出大正四年拾月六日受附㊞
乙野梅子ト婚姻届出大正四年拾壹月七日受附㊞
姪萩子戸主義太郎ノ同意ヲ得スシテ神奈川縣橘樹郡橘村十番地丙川悌八ト婚姻ヲ爲シタルニ因リ復籍拒絶届出大正參年拾貳月拾日受附㊞

前戸主　甲野仁吉
族稱　華族（朱）士族
前戸主トノ續柄　亡甲野仁吉長男
父　亡甲野仁吉
母　松子
長男
戸主　甲野義太郎
出生　明治拾八年六月貳拾壹日

㊟　裏面二人記載、次葉紙表裏とも二人記載

律第12号により、民法の附属法としての明治31年戸籍法が制定公布され、同年7月16日から施行されました。

明治31年戸籍法施行により、明治4年（5年）戸籍法と明治19年戸籍法は、寄留に関する規定を除いて、いずれも廃止されました。

（2）明治31年戸籍法の特徴

この戸籍法の特徴は、次のとおりです。

① 戸籍事務は戸籍吏が管掌し戸籍役場で取り扱うものとされた（第1条)。そして、市区町村長が戸籍吏にあてられ（第2条)、市役所、町村役場及び区役所が戸籍役場にあてられた（第4条)。

② 戸籍事務の所管庁が、内務省から司法省に変わり、戸籍事務の監督は、戸籍役場を管轄する区裁判所の1人の判事または監督判事が

行うものとされた（第５条）。

③　戸籍公開に関する規定が設けられた（第13条、第174条）。

この規定を設けた目的の１つは、戸籍を広く国民が利用することによって、届出を怠ったり虚偽の届出をしたりすることのないようにすると同時に、国民からの正確な届出を期待したものだといわれています。

④　戸主及び戸主と一定の親族関係をもって構成する「家」を設け、戸籍編製の単位を「家」をもって基準とした（第175条）。

⑤　戸籍の副本制度を設け、新しく戸籍を編製するごとに監督庁に送付することとされた（第172条、第194条）。

⑥　戸籍簿のほかに身分登記簿というものを設け、戸籍とは別に、身分登記簿にも記載した（第７条、第170条）。この身分登記簿は、本籍人と非本籍人とに分けて、戸籍の届出があるとまず、この身分登記簿に記録し、さらに重要な身分事項を戸籍に転記した。

この身分登記簿の制度が欧米身分登録制度を取り入れたものだといわれていますが、いわば、戸籍の記載を二重に行うというような仕組みになっていました。

４　大正３年（４年）戸籍法

（１）大正３年（４年）戸籍法の制定

明治31年戸籍法は欧米の身分登録制度を取り入れ戸籍簿と身分登記簿という２本立ての制度となって出発したわけですが、１つの事項を２つの帳簿に記録するという二重の手続きも結果的にはさしたる実益も、また、利用価値も少なかったため、大正３年３月31日法律第26号で公布された戸籍法によって廃止され、また、寄留制度も戸籍法から分離されたうえで、戸籍法施行細則（大正３年司法省令第７号）とともに大正４年１月１日から施行されました。

大正３年（４年）戸籍法の様式

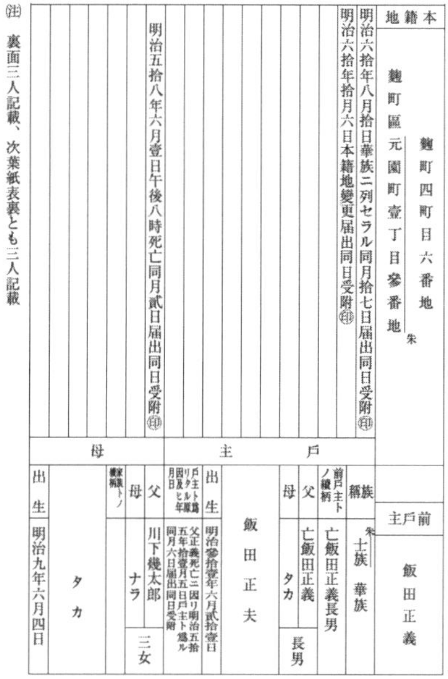

この戸籍法も公布、施行された年が違うことから、大正３年戸籍法、または大正４年戸籍法といわれています。

（２）明治 31 年戸籍法からの改正点

①　身分登記簿制度の廃止

前述のとおり、欧米の制度を取り入れた制度も、重複した二重の手続等のため廃止されました。

②　寄留制度の分離

寄留制度は、明治 19 年戸籍法で手続的に分離されたところですが、大正３年（４年）戸籍法の施行とともに独立した「寄留法（大正３年３月 31 日法律第 27 号、大正４年１月１日施行）」として発足しました。

③　戸籍吏、戸籍役場の廃止

戸籍事務管掌者を戸籍吏から市区町村長に改め、戸籍事務を処理する場所を戸籍役場から市・区役所又は町村役場に改められました。

（3）日本国憲法の施行に伴う民法の応急的措置に関する法律

昭和20年8月15日の終戦、そして昭和22年5月3日の新憲法の施行とともに制定された法律で、通常、「応急措置法」といわれています。新憲法第24条における家庭生活での個人の尊厳と両性の本質的平等の精神に、「家制度」「戸主制度」は反することから、昭和22年法律第74号により公布され、新憲法と同様に施行されました。

なお、この法律は、民法親族編が改正（昭和22年12月22日法律第222号、昭和23年1月1日施行）されるまでの暫定措置として施行されました。

5　昭和23年（現行）戸籍法

（1）人口調査によって書き改める制度の廃止と国勢調査の制定

昭和20年8月15日の終戦と同時に日本は連合軍の占領下となり、民主主義の原則に反する法令はことごとく改廃されることになりました。大日本帝国憲法は日本国憲法に改正され、この憲法改正に伴って民法の親族編、相続編も全面的に改められ、ここに身分制度の民主化が発足しました。

このように、身分法の実体法である民法が民主的民法として再出発したことに伴い、民法の手続法である戸籍法も当然に改められることになりましたが、従来の特色は特色として残し、改めるべきところは社会の情勢と将来的展望にたって、新しい時代にふさわしい、新しい戸籍法に改めるべく審議が尽くされ、昭和22年12月2日法律第224号として現行戸籍法は公布され、昭和23年1月1日から施行されました。

（2）大正３年（４年）戸籍法と昭和 23 年戸籍法との改正要点

第一に、戸籍編製の単位を、従来の「家」に代えて「夫婦・親子」という通常の親族共同生活形態をもって戸籍編製の単位としました。これは、新しい戸籍法の最大の特徴といわれていて、１人１戸籍としなかったのは、従前の戸籍の特色を生かしたものであるといわれています。

第二に、新戸籍の編製、入籍あるいは除籍など戸籍の変動は、従来、民法の規定する家の創立、入家、去家、及び戸主の交代を原因としてこれに基づいてされていましたが、新しい戸籍法では、戸籍法そのもののなかにそれぞれの戸籍変動の原因について規定を置いたと説かれています。

現行様式①（コンピュータにされなかった改製不適合戸籍及び平成改製原戸籍）

本籍　東京都千代田区平河町一丁目四番地（朱 十番地）

氏名　甲野　義太郎

平成四年壱月拾日編製㊞
平成五年参月六日平河町一丁目十番地に転籍届出㊞

昭和四拾年六月弐拾壱日東京都千代田区で出生同月弐拾五日父届出入籍㊞
平成四年壱月拾日乙野梅子と婚姻届出東京都千代田区平河町一丁目四番地甲野幸雄戸籍から入籍㊞
平成参拾参年壱月拾七日妻とともに乙川英助を養子とする縁組届出同月弐拾日大阪市北区長から送付㊞
平成参拾五年壱月七日千葉市中央区千葉港五番地丙山竹子同籍信夫を認知届出㊞

父　甲野幸雄
母　松子
長男
夫　義太郎
生出　昭和四拾年六月弐拾壱日

昭和四拾壱年壱月八日京都市上京区で出生同月拾日父届出入籍㊞
平成四年壱月拾日甲野義太郎と婚姻届出京都市上京区小山初音町十八番地乙野梅子戸籍から入籍㊞
平成参拾参年壱月拾七日夫とともに乙川英助を養子とする縁組届出同月弐拾日大阪市北区長から送付㊞

父　乙野忠治
母　春子
長女
妻　梅子
生出　昭和四拾壱年壱月八日

平成四年拾壱月弐日東京都千代田区で出生同月拾日父届出入籍㊞
平成参拾弐年参月拾六日父甲野義太郎の推定相続人廃除の裁判確定同月弐拾日父届出同月弐拾参日大阪市北区長から送付㊞
平成参拾参年参月六日丙野松子と婚姻届出同月拾日横浜市中区長から送付同区昭和町十八番地に夫の氏の新戸籍編製につき除籍㊞

父　甲野義太郎
母　梅子
長男
朱　啓太郎　朱
生出　平成四年拾壱月弐日

6　戸籍法変遷のまとめ

以上が、明治４年に成文法として戸籍法が公布されてから現在の戸籍法に至るまでの戸籍法変遷の概略です。すでに１世紀余を経過しているわけですが、この間の戸籍制度を一言で表せば、３度性質を改め、５度形式を変えたといわれています。さらに現在では、後述するコンピュータ化により、コンピュータによる様式も示されています。したがって、形式は６度変わったことになります。

○戸籍法の性質

①　明治19年戸籍法までは戸口調査という性質であった。

②　明治31年の戸籍法からは戸主を中心として、その戸内の者の身分関係を公証するという性質に変わった。

③　昭和23年現行戸籍法からは、１つの夫婦とその子どもで戸籍を編製し、戸籍は、婚姻家族を一括表示するという性質に変わった。

○戸籍の形式

①　明治４年（５年）戸籍法は、住所と世帯を単位として国民の居住実態を把握した。

②　明治19年戸籍法は、戸籍取扱手続及び戸籍登記書式を制定した。ただし、性格としては明治４年（５年）戸籍法と同様、戸口調査であった。

③　明治31年戸籍法は、戸籍制度と身分登記制度を採用した。

④　大正３年（４年）戸籍法は、戸籍簿と身分登記簿が重複し、その煩雑な度合いに比べ、実益と利用度が少ないことから、身分登記簿の制度を廃止し、戸籍に一本化された。

⑤　昭和23年戸籍法は、１つの夫婦とその子どもごとに戸籍を編製し、それまでは戸主を中心にして編製していたものを改めた。

このような変遷を経て、その時代時代の社会の構造変化に対応しながら改良が加えられ現在の戸籍に至っているという、戸籍制度は長い歴史のある制度です。

進化する戸籍制度

明治4年（5年）戸籍法	明治19年戸籍法	明治31年戸籍法	大正4年（3年）戸籍法	昭和23年戸籍法	平成6年（コンピュータ化）	平成11年（法定受託事務へ）
性質①	性質②			性質③		
様式①	様式②	様式③	様式④	様式⑤	様式⑥	

7　戸籍のコンピュータ化

以上のように戸籍制度は、長い歴史を経て現在に至っているわけですが、平成6年6月29日法律第69号をもって、「戸籍法及び住民基本台帳法の一部を改正する法律」が公布され、平成6年12月1日から施行されました。この改正により、戸籍事務を電子情報処理組織、いわゆるコンピュータシステムを用いて処理することができるようになりました。

平成6年の改正は、過去幾度かされてきた身分法の改正に伴う改正、すなわち戸籍制度そのものの改正ではなく、戸籍事務取扱いの特例として、戸籍事務をコンピュータシステムによって処理することが可能になったという、大きな改革としての改正といえると思います。

したがって、戸籍法に新しく、従来の処理方法だけでなく、電子情報処理組織を用いて戸籍事務を処理することも可能とする制度を設けたものであり、改正法は、昭和23年戸籍法の中に「第6章　電子情報処理組織による戸籍事務の取扱いに関する特例」を追加しました。

これは、法改正が行われても、全国の市区町村が一斉にコンピュータシステムで戸籍事務を行うことは不可能であることから、従来の処理方

現行様式②（コンピュータで管理）明治19年

戸籍法施行規則（付録二四号）

付録第二十四号　第七十三条第一項の書面の記載のひな形（第七十三条第六項関係）（平成一六法省令七六・令和元法省令四・令和二法省令三二改正）

（6の1）　全部事項証明

本　　籍 氏　　名	東京都千代田区平河町一丁目１０番地 甲野　義太郎
戸籍事項 戸籍編製 転　　籍	【編製日】平成４年１月１０日 【転籍日】平成５年３月６日 【従前の記録】 【本籍】東京都千代田区平河町一丁目４番地
戸籍に記録されている者	【名】義太郎 【生年月日】昭和４０年６月２１日　【配偶者区分】夫 【父】甲野幸雄 【母】甲野松子 【続柄】長男
身分事項 出　　生	【出生日】昭和４０年６月２１日 【出生地】東京都千代田区 【届出日】昭和４０年６月２５日 【届出人】父
婚　　姻	【婚姻日】平成４年１月１０日 【配偶者氏名】乙野梅子 【従前戸籍】東京都千代田区平河町一丁目４番地　甲野幸雄
養子縁組	【縁組日】令和３年１月１７日 【共同縁組者】妻 【養子氏名】乙川英助 【送付を受けた日】令和３年１月２０日 【受理者】大阪市北区長
認　　知	【認知日】令和５年１月７日 【認知した子の氏名】丙山信夫 【認知した子の戸籍】千葉市中央区千葉港５番地　丙山竹子
戸籍に記録されている者	【名】梅子 【生年月日】昭和４１年１月８日　【配偶者区分】妻 【父】乙野忠治 【母】乙野春子 【続柄】長女
身分事項 出　　生	【出生日】昭和４１年１月８日

発行番号０００００１　以下次頁

戸籍法施行規則（付録二四号）

（6の2）　全部事項証明

	【出生地】京都市北区 【届出日】昭和４１年１月１０日 【届出人】父
婚　　姻	【婚姻日】平成４年１月１０日 【配偶者氏名】甲野義太郎 【従前戸籍】京都市北区小山初音町１８番地　乙野梅子
養子縁組	【縁組日】令和３年１月１７日 【共同縁組者】夫 【養子氏名】乙川英助 【送付を受けた日】令和３年１月２０日 【受理者】大阪市北区長
戸籍に記録されている者 除　　籍	【名】啓太郎 【生年月日】平成４年１１月２日 【父】甲野義太郎 【母】甲野梅子 【続柄】長男
身分事項 出　　生	【出生日】平成４年１１月２日 【出生地】東京都千代田区 【届出日】平成４年１１月１０日 【届出人】父
推定相続人廃除	【推定相続人廃除の裁判確定日】令和２年３月１６日 【被相続人】父　甲野義太郎 【届出日】令和２年３月２０日 【届出人】父 【送付を受けた日】令和２年３月２３日 【受理者】大阪市北区長
婚　　姻	【婚姻日】令和３年３月６日 【配偶者氏名】丙野松子 【送付を受けた日】令和３年３月１０日 【受理者】横浜市中区長 【新本籍】横浜市中区昭和町１８番地 【称する氏】夫の氏
戸籍に記録されている者 除　　籍	【名】ゆり 【生年月日】平成６年２月１５日 【父】甲野義太郎 【母】甲野梅子 【続柄】長女

発行番号０００００１　以下次頁

COLUMN　漢字が使えない!?

現在の戸籍や住民票はそのほとんどがシステム化されていますが、戸籍や住民票に使われる文字のなかにはコンピュータで表示できない文字があります。コンピュータが表示できる文字はあらかじめ決められていますので、それ以外の文字を表示するにはあとから追加しなければなりません。あとから追加した文字のことを外字といいます。

戸籍や住民票がシステム化されるようになった頃のコンピュータは、現在よりも表示できる文字が少なく、標準で表示できる文字は多くて１万数千字でした。紙に記載された文字をそのままコンピュータに記録しようとすると１万数千字では足りず、表示できない文字は外字を作成して対応したのです。

その後コンピュータで表示できる文字は徐々に増えていき、現在では多いもの

戸籍法施行規則（付録二四号）

（6の3）　全部事項証明

身分事項 出　生	【出生日】平成６年２月１５日 【出生地】東京都千代田区 【届出日】平成６年２月１９日 【届出人】父
特別養子縁組	【特別養子縁組の裁判確定日】平成１１年１０月７日 【届出日】平成１１年１０月１２日 【届出人】養父母 【送付を受けた日】平成１１年１０月１６日 【受理者】大阪市北区長 【新本籍】東京都千代田区平河町一丁目１０番地 【縁組後の氏】丙山
特別養子離縁	【特別養子離縁の裁判確定日】平成１８年１２月９日 【届出日】平成１８年１２月１５日 【届出人】父母 【新本籍】大阪市北区西天満二丁目６番地 【離縁後の氏】甲野
戸籍に記録されている者 除　籍	【名】みち 【生年月日】平成９年７月９日 【父】甲野義太郎 【母】甲野梅子 【続柄】二女
身分事項 出　生	【出生日】平成９年７月９日 【出生地】千葉市中央区 【届出日】平成９年７月１３日 【届出人】父 【送付を受けた日】平成９年７月１５日 【受理者】千葉市中央区長
婚　姻	【婚姻日】平成２８年１０月３日 【配偶者氏名】乙原信吉 【入籍戸籍】東京都千代田区平河町一丁目８番地　乙原信吉
戸籍に記録されている者 除　籍	【名】英子 【生年月日】昭和６２年３月１７日 【父】 【母】甲野梅子 【続柄】長女
身分事項	

発行番号０００００１　以下次頁

戸籍法施行規則（付録二四号）

（6の4）　全部事項証明

出　生	【出生日】昭和６２年３月１７日 【出生地】横浜市中区 【届出日】昭和６２年３月１８日 【届出人】母 【送付を受けた日】昭和６２年３月２０日 【受理者】横浜市中区長
入　籍	【届出日】平成１７年３月２０日 【入籍事由】母の氏を称する入籍 【従前戸籍】京都市北区小山初音町１８番地　乙野梅子
養子縁組	【縁組日】平成１８年４月１２日 【養父氏名】乙野忠治 【養母氏名】乙野春子 【送付を受けた日】平成１８年４月１６日 【受理者】京都市北区長 【入籍戸籍】京都市北区小山初音町１８番地　乙野忠治
戸籍に記録されている者 除　籍	【名】芳次郎 【生年月日】平成１８年１月６日 【父】甲野義太郎 【母】甲野梅子 【続柄】二男
身分事項 出　生	【出生日】平成１８年１月６日 【出生地】千葉市中央区 【届出日】平成１８年１月１７日 【届出人】母 【送付を受けた日】平成１８年１月２０日 【受理者】千葉市中央区長
死　亡	【死亡日】平成２４年１２月１３日 【死亡時分】午後８時３０分 【死亡地】東京都千代田区 【届出日】平成２４年１２月１５日 【届出人】親族　甲野義太郎
戸籍に記録されている者	【名】英助 【生年月日】平成２４年５月１日 【父】乙川孝助 【母】乙川冬子 【続柄】二男 【養父】甲野義太郎 【養母】甲野梅子

発行番号０００００１　以下次頁

で約６万字を表示することができます。この６万字には、戸籍システムで使われる戸籍統一文字と、住基ネットで使われる住基統一文字がすべて含まれているため、システムが対応するにつれて外字を作成する機会は減っていくかもしれません。ただし、すでに作成されてしまった外字はほとんどそのままのため、すぐに外字がなくなるわけではありません。

外字はあらかじめ決められたものではないため、各市区町村で互換性がありません。情報化が進んだ現代では、外字は業務効率を下げたりトラブルの原因になったりします。こうした外字の問題は行政事務のコンピュータ化が始まった頃から続く問題ですが、すべて解決するにはまだまだ時間がかかりそうです。

法に加え、コンピュータシステムによっても差し支えないといった趣旨から、追加の形をとったものだといわれています。

いわば、昭和23年戸籍様式が縦書きであったものが、コンピュータ化により文章化記載例が項目化記載例に変わり、横書きとなりました。したがって、現在では、一部、従来のまま紙戸籍として保管されている戸籍の様式(145ページ参照)とコンピュータによる戸籍の様式(148ページ参照)の2種類が併存しています。これは紙戸籍が解消されない限り続くものと思われます。

8　法定受託事務へ

平成11年法律第87号をもって、「地方分権の推進を図るための関係法律の整備等に関する法律」、いわゆる「地方分権一括法」が平成11年7月16日に公布されたことにより、地方自治法及び戸籍法が改正され、平成12年4月1日から施行されました。

この改正では、地方分権推進の観点から国と自治体が、対等の関係を基本とし、都道府県知事または市区町村長を国の機関として構成して国の事務を処理させる仕組みであった機関委任事務を廃止し、自治事務と法定受託事務の2つに再構成されました（地方自治法第2条)。

自治事務とは、自治体が処理する事務のうち法定受託事務以外の事務をいい、法定受託事務とは次の2つの事務となります。

① 法律またはこれに基づく政令により都道府県、市区町村が処理することとされる事務のうち、国が本来果たすべき役割に係るものであって、国においてその適正な処理を特に確保する必要があるものとして法律またはこれに基づく政令に特に定めるもの（第1号法定受託事務)。

② 法律またはこれに基づく政令により市区町村が処理することとさ

れる事務のうち、都道府県が本来果たすべき役割に係るものであって、都道府県においてその適正な処理を特に確保する必要があるものとして法律またはこれに基づく政令に特に定めるもの（第２号法定受託事務）。

戸籍事務は、全国統一的な事務処理が強く要請される事務であるため、この２つの事務のうち第１号法定受託事務とされ、市区町村長は、その執行機関として戸籍事務を管掌することとされました。

この改正は、過去の改正と異なり、戸籍法そのものの理念が改正されたとされ、市区町村の自主性や独自性を大いに発揮できるものとされています。

戸籍事務担当者であるみなさんは、関係法令を正しく理解し、市区町村の独自性や自主性を発揮したいものです。

COLUMN　システムの標準化

令和３年９月に「地方公共団体情報システムの標準化に関する法律」いわゆる「標準化法」が施行されました。住民課にとっては、当初の住民基本台帳に加えて、戸籍（戸籍の附票を含む）、印鑑登録の各事務が対象事務とされています。

これらの事務を行うために使用するシステムの仕様が「標準仕様書」として定められ、これに準拠したアプリをカスタマイズすることなく、令和７年度末までにシステムを移行して使用することが求められています。

本書の執筆時点（令和４年４月）ではまだすべてが明らかになっていませんが、業務システムの一大源流である住民課のシステムやデータがどのように変わるのか、大きな影響があることでしょう。また、住民基本台帳事務や印鑑登録事務は、自治事務ではありますが事務フローを含めてある程度の変革が求められることと思います。このシステム標準化は今回の移行だけにとどまらず、今後の自治体業務に大きな影響を及ぼすでしょう。

COLUMN　戸籍事務におけるマイナンバー制度の導入

法務省は、戸籍証明書を必要とする各種行政手続の効率化及び国民の利便性の向上を目的として、マイナンバー制度を利用した戸籍事務を規定する改正戸籍法を令和元年５月31日に公布しました。この改正戸籍法は、交付の日から５年を超えない範囲内の間に徐々に施行され、令和６年までの間にすべてが施行されるため、戸籍事務は大変革をきたすこととなります。

施行される主な業務をみてみると次のとおりとなります。

1　戸籍証明書の添付省略

婚姻届等、戸籍の証明書を添付したうえで要件審査を行っていた事務は、戸籍事務内連携を使用して審査を行うこととなるため、添付省略となる。

2　行政手続の効率化

旅券の取得等、戸籍証明書を添付して行っていた各種行政手続きは、事務内連携と情報提供ネットワークシステムを利用して、役所間で情報連携を行うため、申請者が添付することはなくなる。

3　戸籍証明書の広域交付

戸籍に関する証明書は、全国どこの市区町村でも証明書を取得することができる。

4　戸籍届書の発送方法

提出された婚姻届等戸籍届書については、戸籍事務内連携を用いて、スキャナーで届書を読み込んだうえで、電子情報処理組織により送信することとなる。

5　戸籍届書の保管

戸籍の記録が終了した本籍人届書は、スキャナーで読み込んだ届書が戸籍法上の届書となり、提出された届書は自庁で５年間保管することを予定している。

本書が刊行された令和４年度をはじめとして、完全施行される令和６年度までの間は、これらの準備作業時期です。予算、機器の導入、事務処理工程の検討等、作業を行う時期のため、新しく戸籍事務担当者として配属されたみなさんは、これらの作業を行うことになります。

（※注）検討は終了し、改正戸籍法が公布されています。

（参考：法務省ホームページ）

Ⅱ　戸籍事務の分類

前述のとおり、戸籍は、日本国民の身分関係を登録し公証するものとして定義されています。そして、戸籍事務は大別すると、戸籍の届出に関する事務と、届出等により戸籍簿に登録した内容を証明書として公に公証する事務の２つに分類されます。

それでは、それぞれの事務ごとにその概要を説明します。

1　戸籍の届出

（1）届出の種類

戸籍の記載は、「届出・報告・申請若しくは嘱託若しくは航海日誌の謄本又は裁判」に基づいてなされます（戸籍法第 15 条）。しかし、そのほとんどは「届出」に基づくものであるため、「届出」が戸籍記載の中心的なものです。そして、その届出を大きく分けると、図５-１のように「報告的届出」と「創設的届出」、そして、報告と創設の両方を併せ

図５-１　戸籍届出の分類

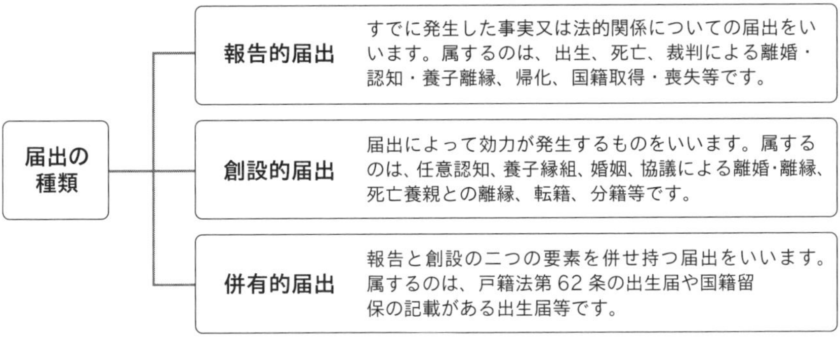

持つ「併有的届出」に分類されます。

（2）届出の方法

戸籍の届出は、図5-2のように、報告的届出及び創設的届出とも、書面または口頭による方法が認められています。さらに、郵便や代理人による届出も認められています。

図5-2　届出の方法

届出の方法		
	書面（戸籍法第27条、28条、29条）	法定様式（出生届・婚姻届・離婚届・死亡届の４種類）または、標準様式（通達で定められた前述４種類以外の届書）に必要事項を記入して届出します。大部分の届出が、この方法によるものです。
	口頭（戸籍法第37条）	届出人本人が出頭し、届書に記入する事項を口頭によって陳述して届出します。婚姻や離婚等証人を必要とする届出のときは、その証人も出頭します。
	郵便（戸籍法第47条）	必要事項を記入した届書を市区町村等の窓口に出頭しないで、郵便又は信書便を用いて届出します。ただし、届書の到達時点で届出人が死亡している場合は、管轄法務局への照会が必要です。
	代理人（戸籍法第37条3項）	口頭での届出の場合において、届出人が疾病その他の事故により出頭できないときに、代理人による届出ができます。ただし、委任状が必要となります。また、創設的届出のうち認知、胎児認知、縁組、離縁、婚姻、離婚等の届出には認められていません。なお、必要事項が記入された届書を届出人以外の者が持参した場合は、使者による届出となるため、委任状は不要です。
	オンライン（戸籍法施行規則第79条2項）	オンラインシステムの対象となる届出等は、戸籍法施行規則別表第４に掲げられています。

（3）各種の戸籍届出

戸籍の届出には以下の種別があります。ここでは、その概要を簡単に解説します。なお、戸籍法では、届出の名称を事件といいます。届出の読み方が一般的な読み方と異なるものもあるため、ふりがなを参考にしてください。

また、数十種類もの届出がありますが、出生、婚姻、離婚、死亡、転籍届で全体の80%強を占めます。したがって、これらの届出からマスターすれば、だいたいの届出は処理できるようになるでしょう。

戸籍の届出一覧

① 出生届
② 認知届
③ 養子縁組届
④ 養子離縁届
⑤ 特別養子縁組届
⑥ 特別養子離縁届
⑦ 離縁の際に称していた氏を称する届
⑧ 婚姻届
⑨ 離婚届
⑩ 離婚の際に称していた氏を称する届
⑪ 親権（管理権）届
⑫ 未成年者の後見届
⑬ 死亡届
⑭ 失踪届
⑮ 復氏届
⑯ 姻族関係終了届
⑰ 推定相続人廃除届
⑱ 入籍届
⑲ 分籍届
⑳ 国籍取得届
㉑ 帰化届
㉒ 国籍喪失届
㉓ 国籍選択届
㉔ 外国国籍喪失届
㉕ 氏の変更届
㉖ 外国人との婚姻による氏の変更届
㉗ 外国人との離婚による氏の変更届
㉘ 外国人父母の氏への氏の変更届
㉙ 名の変更届
㉚ 転籍届
㉛ 就籍届
㉜ 戸籍訂正申請
㉝ 不受理申出
㉞ 死産届

（網掛け）＝全体の80%強

① 出生届《しゅっしょうとどけ》

出生届は、人が誕生したときに行う届出です。

出生子は、父または母が出生届を提出することによって戸籍に記録され、住民票にも記載されます。したがって、出生届は、各種行政サービスを受けるためにも重要な手続きの1つといえます。

② 認《にん》知《ち》届《とどけ》

認知とは、婚姻関係にない父母との間に生まれた子と、その父との間に法律的な父子関係を成立させる制度です。認知には、任意認知・胎児認知・裁判認知・遺言認知などの種類があります。

なお、胎児認知の場合は母の本籍地（母が日本に居住する外国籍の人の場合は母の住所地）と定められているため、届出地には注意が必要です。また、子が成人しているときはその子の承諾書、胎児を認知するときは母の承諾書の添付が必要です。

③ 養《よう》子《し》縁組《えんぐみ》届《とどけ》

親子関係でない者同士、または血縁の親子関係があっても嫡出の親子関係がない者同士の間に、嫡出子親子関係を創設させる制度で、縁組届出をすることで成立します。

どのような養子縁組をするかによって、家庭裁判所の許可や配偶者の同意が必要となる場合があります。

④ 養《よう》子《し》離《り》縁《えん》届《とどけ》

養親子《ようしんし》関係を将来に向かって終了させるための届出です。離縁には、協議離縁、裁判離縁などの種類があります。

養親夫婦一方のみと離縁をした場合を除き、養子は原則、養子縁組する前の氏に戻ります。ただし、縁組をしていた期間が7年を超える場合には、離縁の際に称していた氏を称することが可能です。

詳しくは、⑦離縁の際に称していた氏を称する届（戸籍法73条の2の届)」を参照ください。

⑤　特別養子縁組届《とくべつようしえんぐみとどけ》

養子縁組によって、養子は養親の嫡出子たる身分を取得するとともに、養子と実方《じつかた》血族との親族関係が終了する縁組を特別養子縁組といいます。

特別養子縁組は、実父母による子の監護が困難または不適当である場合や、特別の事情があり、子の利益のために特に必要であるときに、養親からの請求によって家庭裁判所が成立させるものです。

そのため、養親となる者は、配偶者を有する、原則として25歳以上の者で、夫婦共同で養子縁組をしなければならないとされています。そして、養子は15歳に達していないこととされています。また、離縁は原則として禁止されています。

⑥　特別養子離縁届《とくべつようしりえんとどけ》

特別養子縁組を解消するために行う届出です。家庭裁判所での手続きを先に行う必要があります。

特別養子離縁は、養親による虐待など養子の利益を著しく害する事由があり、かつ、実父母が相当の監護を行うことが可能な場合であって、養子の利益のため特に必要があると認められる場合に、養子または実父母もしくは検察官の請求により、家庭裁判所の審判によってのみ離縁ができます。

⑦　離縁《りえん》の際に称していた氏《うじ》を称する届（戸籍法73条の2の届）

養子縁組により氏を改めた養子は、養親夫婦一方のみと離縁した場合を除き、離縁により養子縁組を行う直前の氏に戻ります。ただし、縁組をしていた期間が7年を超える場合には、離縁の際に称していた氏を称することが可能です。

この届出は、養子離縁届と同時に提出することもでき、離縁の日から3か月以内に届出をすれば家庭裁判所の許可を得る必要もありません。

離縁の日とは、協議離縁の場合は養子離縁届出日、裁判離縁の場合は、調停成立日、審判または判決確定日です。離縁の日から３か月以上経過した場合は、家庭裁判所へ氏の変更許可申立が必要となります。そして、許可が得られたら「氏の変更届（戸籍法107条１項の届）」をすることとなります。

⑧　婚姻届《こんいんとどけ》

婚姻とは、当事者である男女間の合意により法律上の夫婦関係を創設することで、市区町村の窓口に婚姻届書を提出し受理されることにより成立します。また、婚姻は外国の方式で成立することもできます。その場合にも、日本人配偶者の戸籍に婚姻事項を記録するため、婚姻成立日から３か月以内に婚姻証書謄本等の提出による婚姻の報告が必要です。

⑨　離婚届《りこんとどけ》

離婚は、婚姻関係を将来に向かって解消させることです。離婚には、夫婦の意思と合意に基づく協議上の離婚と、意思と合意が成立しない場合に、裁判所の関与のもとでする裁判離婚があります。

婚姻により夫または妻の氏に変えた配偶者は、離婚によって婚姻する前の氏に戻りますが、離婚の際に称していた氏を称する届をすることにより、婚姻中に称していた氏を称することが可能となります。

詳しくは、「⑩離婚の際に称していた氏を称する届（戸籍法77条の２の届）」を参照ください。

⑩　離婚《りこん》の際に称していた氏《うじ》を称する届（戸籍法77条の２の届）

婚姻によって氏を改めた夫（または妻）は、離婚によって婚姻前の氏に戻ります。ただし、氏を戻したくない場合には、離婚の日から３か月以内に届け出ることにより、婚姻中の氏を称することができます。

また、この届出は離婚届と同時にすることもできます。

離婚の日とは、協議離婚の場合は離婚届出日、裁判離婚の場合は、調停成立日、審判または判決確定日です。離婚の日から３か月以上経過した場合は、家庭裁判所へ氏の変更許可申立が必要となります。そして、許可が得られたら「氏の変更届（戸籍法 107 条１項の届）」をすることとなります。

⑪ 親権《しんけん》（管理権《かんりけん》）届《とどけ》

親権とは、親が未成年の子の監護及び教育をするために認められた権利及び義務のことです。

未成年の子は父母の親権に服します。親権は、父母が婚姻中は共同して行い、父母の一方が親権を行使することができない場合には、他の一方が行います。養子については、養親が親権者となり、嫡出でない子の親権は、原則として母が行います。

親権（管理権）届は、子どもが生まれる前に父母が離婚した場合や、父が子どもを認知した場合に、父母の協議により父を親権者と定めるときの指定や、離婚の際に未成年の子の親権者を父母の一方に定めた後、家庭裁判所の関与のもと親権者を変更する場合に届け出ます。

また、親権者喪失の審判や停止等の審判が行われた場合にも、この届を提出する必要があります。

⑫ 未成年者《みせいねんしゃ》の後見《こうけん》届《とどけ》

未成年者の親権を行う者がいないとき、または親権を行う者が管理権を有しないときに、後見が開始されます。後見は、未成年者の監護及び財産管理を目的とする制度で、家庭裁判所に請求することにより、未成年後見人を選任することができます。家庭裁判所で後見人等が選任された場合は、戸籍は嘱託書に基づき記載されるので届出は不要です。

ただし、未成年後見開始届または未成年後見監督人就職届は、遺言による指定があった場合のみ、届出が必要です。また、選任された未成年後見人が死亡等によりその地位を失った場合は、未成年後見人の地位喪失届の届出が必要です。

⑬ 死亡届《しぼうとどけ》

人が亡くなった場合に、戸籍や住民票から除くための届出です。死亡によって、その人の権利や義務が消滅すると同時に、相続が開始し婚姻が解消するなど、身分上・財産上に大きな影響を及ぼします。

⑭ 失踪届《しっそうとどけ》

失踪とは、不在者の生死不明の状態が一定期間継続し、利害関係人からの請求があったときに、家庭裁判所により当該不在者が法律上死亡したとみなす審判が確定したことを指します。

失踪の宣告を受けると、７年間の不明期間が満了した時または危難が去った時に、その宣告を受けた者は死亡したものとみなされます。

また、失踪宣告をされた者が生存する場合には、失踪宣告の取消しを家庭裁判所に請求できます。この取消しを請求できるのは、本人または利害関係にある人です。

⑮ 復氏届《ふくしとどけ》

夫婦の一方が亡くなった場合、生存配偶者で婚姻の際に氏を改めた者は、婚姻前の氏に戻ることができます。

復氏届により復する氏は、原則として婚姻前の氏です。ただし、転婚者（配偶者の死亡後、復氏することなくさらに氏を改めた者）の場合は、実方の氏または最初の婚姻の氏のどちらかを選ぶことができます。

なお、復氏しても姻族関係は終了しないため、姻族関係を終了させるには、別途、姻族関係終了届を提出する必要があります。

⑯ 姻族関係終了届《いんぞくかんけいしゅうりょうとどけ》

姻族とは、配偶者から見た夫（または妻）の血族をいいます。

婚姻により成立した姻族関係は、離婚あるいは婚姻の取消し等によって解消しますが、配偶者が死亡した場合は解消しません。姻族関係を解消するのは、生存配偶者の自由な意思によるものとされています。そのため、近年では、死後離婚ともいわれているようです。また、死亡した夫（または妻）の血族側から届出をすることはできません。

⑰ 推定相続人廃除届《すいていそうぞくにんはいじょとどけ》

推定相続人とは、ある者が死亡して相続が開始した場合、法律上当然に相続人にある者をいいます。

推定相続人の排除とは、遺留分を有する推定相続人（被相続人の配偶者、直系卑属《ひぞく》、直系尊属）が被相続人を虐待したとき、重大な屈辱を加えたとき、もしくは推定被相続人に著しい非行があったときに、被相続人または遺言執行者が、家庭裁判所の審判によって推定相続人を相続から排除する場合に行う届出です。

⑱ 入籍届《にゅうせきとどけ》

入籍届とは、父母の離婚、養子縁組、養子離縁などによって、父母と別戸籍となった子を、父母（母または父）と同じ戸籍に入れることを目的とした届出です。

この届出には、子の父母が婚姻中の場合を除き、裁判所の許可が必要とされています。

⑲　分籍届《ふんせきとどけ》

分籍とは、戸籍の筆頭者及び配偶者以外の20歳以上の人が、親の戸籍から分離して自分だけの戸籍を作る届出です。分籍先は日本の領土内であればどこでも定められますが、場所や本籍地番等の制限があります。

⑳　国籍取得届《こくせきしゅとくとどけ》

届出による国籍の取得とは、次のような一定の要件を満たす外国人が、法務大臣に対して届け出ることによって、日本国籍を取得する制度です。

・認知された子の国籍の取得

・国籍の留保をしなかった者の国籍の再取得

・その他の場合の国籍の取得

㉑　帰《き》化《か》届《とどけ》

帰化とは、日本国籍の取得を希望する外国人からの意思表示に対して、法務大臣の許可によって日本の国籍を与える制度です。帰化をしようとする外国人は、その住所地の法務局（または地方法務局）を経て、法務大臣に帰化許可申請をします。

㉒　国籍喪失届《こくせきそうしつとどけ》

日本人が外国への帰化などの理由により日本の国籍を喪失した場合に行う届出です。次のような場合には日本国籍を喪失します。

・自己の志望による外国国籍の取得（国籍法第11条第１項）

自分の意思で外国に帰化をした場合等には、自動的に日本国籍を失います。

・外国の法令による外国国籍の選択（国籍法第11条第２項）

日本と外国の国籍を有する者が、外国の法令に従って当該外国の国籍を選択した場合は、自動的に日本国籍を失います。

・日本国籍の離脱（国籍法第13条）

日本と外国の国籍を有する者が、法務大臣に対し、日本国籍を離脱する旨の届出をした場合には、日本国籍を失います。

・日本国籍の不留保（国籍法第12条）

外国で生まれた子で、出生によって日本国籍と同時に外国国籍も取得した子は、出生届とともに日本国籍を留保する旨を届け出なければ、その出生の時にさかのぼって日本国籍を失います。

㉓ 国籍選択届《こくせきせんたくとどけ》

外国で生まれた者や、父または母が外国人である者は、日本国籍のほかに外国国籍も有する重国籍者である可能性があります。

国籍の選択とは、重国籍者が、所定の期限までに、自己の意思に基づいて、日本か外国のいずれかの国籍を選択する制度です。

重国籍者は、重国籍となった時が18歳未満であるときは20歳に達するまでに、重国籍となった時が18歳以上であるときはその時から2年以内に、いずれかの国籍を選択しなければなりません。

なお、令和4年4月1日施行の成年年齢の引き下げに伴う経過措置があります。

この期限内に国籍の選択をしないでいると、法務大臣から国籍選択の催告を受け、場合によっては日本国籍を失うことがあります。

㉔ 外国国籍喪失届《がいこくこくせきそうしつとどけ》

外国の国籍を有する日本人が、当該外国の法令により、その国の国籍を喪失した場合は、一定期間内に届出をしなくてはならないとされています。

届出にあたっては、当該外国籍を喪失したことを証明する書面を添付して、本人（本人が15歳未満の場合は親権者）が行います。

㉕ 氏《うじ》の変更届《へんこうとどけ》（戸籍法 107 条１項の届）

氏の変更には、婚姻や離婚、養子縁組や養子離縁などの身分関係の変動にともなって法律上変更するものと、身分関係の変動とは別に「一定の事由」に基づく個人の意思により変更するものがあります。

著しく難解、難読、珍奇な氏の場合や、戸籍上の氏と異なる氏の永年使用により本人や社会一般に不利不便を生じている場合など、「やむを得ない理由」がある場合に、家庭裁判所の許可を得て氏を変更することができます。ただし、この「やむを得ない理由」に該当するかどうかの判断（認定）は、家庭裁判所が行います。

家庭裁判所へ氏の変更許可申立を行い、許可が得られたら確定証明書等を添付して、届出をすることとなります。

㉖ 外国人《がいこくじん》との婚姻《こんいん》による氏《うじ》の変更届《へんこうとどけ》（戸籍法 107 条２項の届）

日本人と外国籍人との婚姻には、民法第 750 条の規定は適用されないため、氏の変動は生じないものとされています。日本人が外国籍人配偶者の氏に変更したい場合は、婚姻成立日から６か月以内であればこの届出によって変更ができます。

婚姻成立日とは、創設的婚姻の場合は婚姻届出日、報告的婚姻の場合は外国の方式により婚姻を成立させた日です。

婚姻の日から６か月以上経過した場合や、日本人と外国人の氏を組み合わせた「複合氏《ふくごううじ》」の場合は、家庭裁判所へ氏の変更許可申立が必要となります。そして、許可が得られたら「氏の変更届（戸籍法 107 条１項の届）」をすることとなります。

㉗ 外国人《がいこくじん》との離婚《りこん》による氏《うじ》の変更届《へんこうとどけ》（戸籍法 107 条３項の届）

「外国人との婚姻による氏の変更届（戸籍法 107 条２項の届）」によって外国人配偶者の氏に変更した場合は、離婚の日から３か月以内に「外国人との離婚による氏の変更届（戸籍法 107 条３項の届）」を提出することで、家庭裁判所の許可を得ることなく元の氏に戻すことができます。

ただし、離婚の日から３か月を経過してしまった場合には、家庭裁判所の許可を得て､戸籍届出窓口に「氏の変更届（戸籍法 107 条１項の届）」を提出すれば、元の氏に変更することができます。

㉘ 外国人《がいこくじん》父《ふ》母《ぼ》の氏《うじ》への氏《し》の変更届《へんこうとどけ》（戸籍法 107 条４項の届）

戸籍の筆頭者及びその配偶者以外の者で、父または母が外国籍である場合に、氏を外国籍の父または母の氏に変更するための届出です。

氏の変更は、家庭裁判所の許可を得たうえで届出することになります。また、氏の変更は同籍者には及ばないため、本人について新戸籍を編製することになります。

㉙ 名《な》の変更届《へんこうとどけ》

名前を変えるには、家庭裁判所の許可が得られた場合に変更することができます。変更には「正当な理由」がある場合に限るとされていますが、その理由に該当するかどうかは、家庭裁判所が判断（認定）することになっています。

家庭裁判所へ名の変更許可申立を行い、許可が得られたら審判書謄本等を添付して、名の変更届をすることとなります。

㉚ 転籍届《てんせきとどけ》

転籍とは、戸籍の所在場所である本籍を現在のところから他のところへ移すことをいいます。転籍先は日本の領土内であればどこでも定められますが、場所や本籍地番等の制限があります。

㉛ 就籍届《しゅうせきとどけ》

日本人でありながら戸籍に記載されていない者について新たに戸籍を作ることをいいます。それには、家庭裁判所で就籍の審判を確定させる必要があります。

㉜ 戸籍訂正申請《こせきていせいしんせい》

虚偽の届出により戸籍に不実の記載がなされた場合、届出の際の錯誤により、戸籍の記載に誤りが生じた場合には、当事者が家庭裁判所の許可を得て、戸籍訂正を行うことになります。

家庭裁判所の許可には、

・婚姻無効や離婚無効など戸籍法第116条に基づくもの

・転籍届など創設的な届出の無効などの戸籍法第114条に基づくもの

・届出錯誤により誤りが生じた場合に訂正する戸籍法第113条に基づくもの

があります。訂正の種類によって、訂正する戸籍の範囲や訂正方法などが異なります。

㉝ 不受理申出《ふじゅりもうしで》

不受理申出は、本人の意思に基づかない届出が受理されることを防止するための制度です。あらかじめ、自らの本籍地の市区町村長に対して「不受理申出書」を提出することにより、本人が窓口に来庁したことが確認できない場合には、届出が受理されないようにすることができます。

不受理申出の対象となる届出は、届出によって効力を生ずべき認知、養子縁組、養子離縁、婚姻、離婚の届出です。

不受理申出は申出をした日から無期限に有効です。また、不受理申出をした後、取下げをする場合は、不受理申出をした本人から「不受理申出取下書」の提出をすることで不受理期間を終了することができます。

なお、申出・取下げとも本籍地以外の市区町村役場でできますが、宛先は本籍地の市区町村長とする必要があります。

㉞ 死産届《しざんとどけ》

死産とは、妊娠第４か月以後における死児の出産のことです。死児とは、産後において心臓膊動、随意筋の運動及び呼吸のいずれも認められない場合をいいます。

死産届は、

・戸籍法上の届出

・死産の届出に関する規程上の届出

の２種類の届出があります。

戸籍法上の届出は、胎児認知された胎児の死産届になり、死産の届出に関する規程上の死産届は、妊娠第４か月以後における死児の出産に関する届出となります。したがって、認知された胎児の死産の場合は、戸籍法上の届出と死産の届出に関する規程上の２種類の届出をする必要があります。また、死胎火葬（埋葬）許可証の交付や人口動態調査票の作成など、死亡届と同様、住民課の仕事として深く関わり合いのある届です。

（４）主な届出の諸要件一覧表

このようにたくさんの届出がありますが、前述したとおり、出生届、婚姻届、離婚届、死亡届、転籍届の５種類の届出で全体の80％強を占めています。そこで、これらの届出の諸要件をまとめると表5-１のようになります。

表5-1　届出の諸要件

届出種別	届出事件細別	届出事件本人	届出期間	届出地	届出義務者・届出人・証人	添付書類
出生	嫡出子出生届	出生子	出生の日から14日以内（国外出生の場合3か月以内）	子の本籍地、届出人の所在地、出生地または在外の大使、公使もしくは領事	父、母、同居者、出産に立ち会った医師、助産師、その他の者、父母以外の法定代理人	出生証明書
	戸籍法62条の出生届				父及び母（父のみでもよい）	
	嫡出でない子の出生届				母	
婚姻	婚姻届	夫及び妻	届出によって効力を生ずるため届出期間はない	夫もしくは妻の本籍地または所在地	夫及び妻、証人２人以上	夫または妻が未成年のときは父母の同意書※
離婚	協議離婚届	夫及び妻	届出によって効力を生ずるため届出期間はない	夫婦の本籍地または所在地	夫及び妻、証人２人以上	
	裁判離婚届	夫及び妻	裁判確定の日から10日以内	夫婦の本籍地または所在地	訴えの提起者	調停調書、和解調書、認諾調書、判決書または審判書の謄本及び確定証明書
死亡	死亡届	死亡者	死亡の事実を知った日から7日以内（国外死亡の場合3か月以内）	死亡者の本籍地、届出人の所在地、死亡地または在外の大使、公使もしくは領事	同居の親族、その他の同居者、家主、地主、家屋もしくは土地の管理人、同居の親族以外の親族、後見人、保佐人、補助人、任意後見人	死亡診断書または死体検案書
転籍	転籍届	筆頭者及び同籍者	届出によって効力を生ずるため届出期間はない	事件本人の本籍地、届出人の所在地、転籍地	戸籍の筆頭者及び配偶者	他の市区町村に転籍する場合は戸籍謄本または戸籍全部事項証明書

※成年年齢の引き下げを骨子とする民法の一部を改正する法律（平成 30 年法律第 17 号）が令和4年4月1日に施行されたことに伴い、成年年齢が 18 歳になったこと、未成年者の婚姻の同意の規定（改正前民法第 737 条）が削除されたため、父母の同意を得て婚姻することはありません。ただし、経過措置により、従来、婚姻できた 16 歳以上 18 歳未満の女の婚姻は、婚姻することができ、その場合は父母の同意を得て婚姻することは変わりありません

COLUMN 戸籍に記載する文字の取扱い ～5200号（誤字なし）通達～

戸籍の届出がなされると、届書に基づいて戸籍に当該届出に関する事項を登録します。公簿である戸籍は、一定のルールに基づき、戸籍に記録をしなければなりません。

そのルールの１つに、戸籍に記載する文字、漢字の取扱いがあります。具体的には、平成２年10月20日付け法務省民二第5200号民事局長通達で示されている文字の取扱いです。

この通達を紐とくと、漢字を「正字」、「正字等」、「俗字」、「俗字等」、「誤字」の５種類に分類し、このうち、「正字」、「正字等」、「俗字」、「俗字等」の文字が戸籍に記載できる文字とし、「誤字」は戸籍に記載できない文字とされています。

戸籍に記載できる４つの文字の概要を示すと表のとおりです。

届書から戸籍に記載できる文字か否かが判断できるよう常に意識しながら届出を受理するよう心がけましょう。

分類		文字の例
正字	(1)常用漢字表の通用字体	亜など
	(2)康熙字典体（俗字及び譌字を除く。）	常用漢字表に括弧に入れて添えられた文字や規則別表第二の二の括弧外の文字等
	(3)漢和辞典で正字とされている字体	
	(4)国字で前記(1)から(3)に準ずる字体	峠など
	(5)当用漢字表の字体のうち常用漢字表に括弧に入れて添えられなかった従前正字とされていた文字	
	(6)漢和辞典に同字、古字、本字として登載されている文字	
	(7)規則別表第二の一に掲げる字体	丑など
	(8)規則別表第二の二に掲げる字体	亜など
正字等	(9)改正後の5200号通達別表に掲げる字体	高など
俗字	(10)漢和辞典に俗字として登載されている文字	卆など
俗字等	(11)「示」、「⻍」、「𩙿」、又は「青」を構成部分に持つ正字の当該部分がそれぞれ「ネ」、「⻌」、「飠」、または「青」と記載されている文字	

COLUMN　届書の補正における漢字の補正について

平成28年２月29日付けで文化庁国語審議会から「常用漢字表の字体・字形に関する指針（報告）」が示されています。このなかで、社会で生じている問題の１つとして、次のような問題が示されています。

「官公庁，金融機関等の窓口で名前などを記入する際に「令」と書くと，明朝体どおりの形（「令」）に書き直すよう指示される。」。

戸籍届出の窓口もまさに官公庁の窓口です。ここで示されている問題からもわかるように、届書を受理するにあたって、氏名等の漢字を補正させる場合には、漢字のいろいろな知識も必要となります。問題と同様、往々にして、見た目を同じにすることに神経を使って受理している届書も見られますが、漢字に係る知識を正しく持ち、見た目を同じくするといった補正はしないよう注意しましょう。

上記指針は、下の二次元コードから確認できます。また、常用漢字表の前文も大いに参考となります。

（参考：文化庁ホームページ）

2　戸籍の公証

次にもう１つの事務である戸籍の公証事務について、整理します。

戸籍の公証、すなわち、戸籍の公開、証明事務です。

戸籍法では、その対象となる種別を規定し、その種別ごとにそれぞれの請求者により、請求時に必要となる事項が定められています。それぞれの分類・区分を理解しておくことにより、交付の可否を判断するための審査が容易に理解できます。

（1）戸籍の公開の種別

戸籍法における公開の対象は、以下の３種類がその対象として示されています。

①　戸籍（戸籍法第10条～第10条の4）

戸籍法第10条等において、一の夫婦及びこれと氏を同じくする子ごとに編製した戸籍が対象とされています。

図5-3　公開の対象

戸籍

【コンピュータ】
全部事項証明、個人事項証明、一部事項証明
【紙戸籍】
謄本、抄本、記載事項証明書

戸籍法第10条、第10条の2、第10条の3、第10条の4

除籍（改製原戸籍）

【コンピュータ】
全部事項証明、個人事項証明、一部事項証明
【紙戸籍】
謄本、抄本、記載事項証明書

戸籍法第12条の2

届書

受理証明、不受理証明、
届書記載事項証明書、閲覧

戸籍法第48条

② 除籍（戸籍法第12条の2）

戸籍法第12条の2において、除籍についても戸籍と同様、公開の対象とされています。

③ 届書（戸籍法第48条）

戸籍法第48条において、届出人から提出された届書について、公開の対象とされています。

（2）戸籍の公開の請求者の分類

交付請求の主体によって、その取扱いを異にしています。以下の4種類に分類されます。

① 本人等請求（戸籍法第10条第1項）

② 第三者請求（戸籍法第10条の2第1項）

③ 公用請求（戸籍法第10条の2第2項）

④ 弁護士等請求（戸籍法第10条の2第3項、第4項、第5項）

図5-4　請求者による分類

本人等請求 戸籍法第10条第1項	**第三者請求** 戸籍法第10条の2第1項
公用請求 戸籍法第10条の2第2項	**弁護士等請求** 戸籍法第10条の2第3項、第4項、第5項

（3）請求方法

戸籍関係証明の請求は窓口請求のほか、郵便等による送付請求も認められています。また、現在では、住民票のコンビニ交付と同時に、コンビニエンスストアの多機能端末機（マルチコピー機）での交付請求も認められており、この取扱いは、窓口請求と同様に取り扱います。

図5-5　請求方法

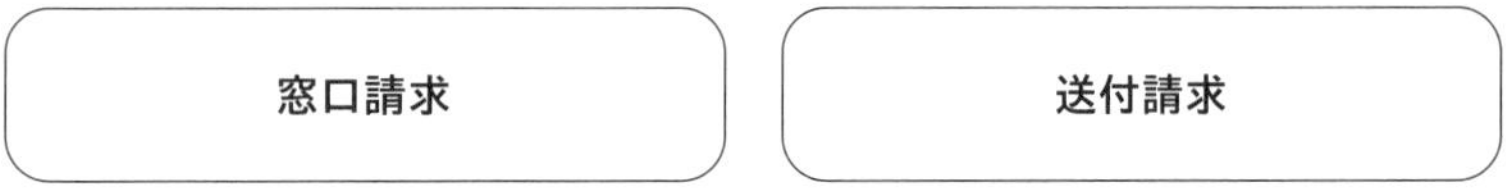

※コンビニエンスストアでの請求は、窓口請求と同様に取り扱います。

（4）交付の可否の判断―審査のポイント

戸籍法では、前述したそれぞれの分類ごとに交付請求をする場合の方法等が定められています。したがって、私たちは、これら定められている内容が備わっているかを判断して、交付の可否を決定します。これらの審査のポイントをまとめると、図5-6のとおりです。

図5-6　交付の可否の審査のポイント

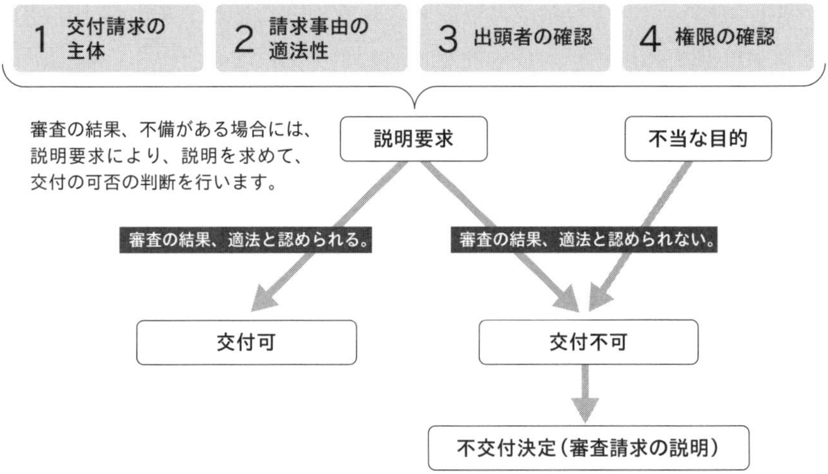

交付請求の主体によって、請求の要件が定められており、それぞれの要件ごとに請求の可否を判断することになります。交付請求にあたり、その可否を審査するポイントは、次のとおりです。前記（2）の請求者による分類ごとに次の4項目につき審査を行います。

① 交付請求の主体（戸籍法第10条第1項、第10条の2第1項、第2項、第3項、第12条の2）

② 請求事由の適法性（戸籍法第10条第1項、第10条の2第1項、第2項、第3項、第4項、第5項、第12条の2）

③ 出頭者の確認（戸籍法第10条の3第1項、第12条の2）

④ 権限の確認（戸籍法第10条の3第2項、第12条の2）

なお、請求にあたり、その目的が不当な目的によることが明らかなときは、その請求を拒むことができるものとされています（戸籍法第10条第2項)。たとえば、DV等、加害者から住所探索を目的として、請求する場合がこれにあたります。これは、戸籍には住所の記載はなされていないものの住所を本籍とする場合も多く本籍の記載から住所が判明する場合もあることから、不当な目的として示されているものです。

そして、本人等以外の者からの請求の場合には、原則として、各交付要件について、交付請求書に記載された内容自体からその存否を認定します。明らかにして請求すべき事項が明らかにされていない場合には、請求者に対して必要な説明を求め、交付の可否を決定します。

○説明要求（戸籍法第10条の4）

なお、請求者の確認の方法や確認する事項、権限確認の方法、交付の際における提出書類の原本還付の取扱いについては、戸籍法施行規則第12条の2〜12条の5によって示され、同規則第11条の6によって除籍の謄本等の交付請求についても準用されています。さらに詳細な取扱いについては、平成20年4月7日付け民1第1000号通達に具体的に示されていますので参照してください。

（5）公開の方法

住民への公開には以下の６種類の方法があります。

①　謄本《とうほん》

一般的に「謄本」といった場合には、文書の原本の内容をそのまま原本と同じように完全に写した書面のことをいいます。したがって、「戸籍謄本」または「除籍謄本」といった場合は、戸籍または除籍の原本と同一の様式によって戸籍または除籍の原本の全部をそのまま転写したものをいいます（戸籍法施行規則第 12 条）。

②　抄本《しょうほん》

一般的に「抄本」といった場合における意味は謄本と異なり、原本の一部を転写した書面のことをいいます。したがって、「戸籍抄本」とは、戸籍原本と同一の様式によって原本の一部を転写したものをいいます。

一部ということですから、その戸籍に記載されている者のうち１人の部分を転写したものはもちろんのこと、１人の分の記載事項のうち、事項を省略したもの、たとえば、婚姻事項を省略して交付する場合も「抄本」ということになります。

③　戸籍（除籍）記載事項証明書

この証明書は、戸籍または除籍に記載されている事項について証明するものです。戸籍謄抄本とは様式は異なりますが、証明の効力は謄抄本となんら変わりありません。

④　受理または不受理の証明書

戸籍の届出をした届出人が受理されたこと、あるいは不受理とされたことについて、当該届出人から請求により発行する証明です（戸籍法第48条1項）。

⑤　届書の記載事項証明書または届書の閲覧

前の届書の受理または不受理の証明は請求できる者を届出人に限定していますが、届書の記載事項証明書または届書の閲覧を請求できる者は「利害関係人で特別の事由がある場合」に限定されています（戸籍法第48条2項）。

ここでいう利害関係人とは、届書上の利害関係人を指し、単に財産上の利害関係人（債権・債務者等）は含まれないとされます。また、特別の事由とは、戸籍の記載をするための届書の記載事項を確認しなければならないような場合、たとえば、法令で定めがある場合とされています。

⑥　全部、一部または個人の記録事項証明書

戸籍または除籍が磁気ディスクをもって調製されている場合（磁気ディスクに準ずる方法により調製されている場合も含みます。）は、戸籍または除籍の謄本、抄本もしくは、記載事項証明書に代えて、磁気ディスクをもって調製された戸籍に記録されている事項の全部または一部を証明した書面を交付することとされています（戸籍法第117条の4）。

・全部事項証明書

戸籍に記録されている事項の全部の証明書、言い換えれば、謄本と同じということができます。

・個人事項証明書

戸籍に記録されている者のうちの一部の者について記録されている証明書、言い換えれば、個人の抄本と同種のものということがで

きます。また、1通で複数人についての証明をすることもできます。

・一部事項証明書

戸籍に記録されている事項のうち、証明を求められた事項、言い換えれば、記載事項証明書と同種のものということができます。なお、手数料については、記載事項証明書は1事項あたりの手数料ですが、一部事項証明書は1通あたりの手数料ですので、注意を要します。

なお、「謄本」と「抄本」の違いや「謄本」と「記録事項証明書」の違い、一部事項証明書や記載事項証明書の内容等について、住民が必ずしも理解しているとは限らないため、交付請求があった場合には十分配慮する必要があります。

（6） 戸籍届書の保管

現在、戸籍の記録が終了した本籍人届書は、管轄法務局に送付して同局で保管されているが、施行後はスキャナーで読み込んだ届書が戸籍法上の届書となり、提出された届書は自庁で5年間保管することを予定しているようです。

COLUMN　戸籍届のオンライン化を想像してみる

戸籍届出のオンライン化は、平成16年から開始されていたことをご存じですか？

平成16年４月に施行された戸籍法施行規則第79条の２に規定されたものですが、実際に運用されている自治体はなく、実務に不要で目にする機会がなかったことから、ベテランの戸籍担当者でも知らないこともあります。ところが、デジタル行政推進法や令和６年度に開始予定の戸籍事務の情報連携などにより、戸籍届出のオンライン化への対応がいよいよ現実味を帯びてきました。

しかし、戸籍届出を手続きでなく「イベント」と捉えると、オンライン化は少しさみしい気もしてしまいます。

「晴れの門出をお祝いしたい」「わがまちに届出したことを記念にしてほしい」などの想いから、記念撮影サービスや記念品の贈呈など市区町村のお祝い方法は多様です。また、令和元年５月は「令和婚」といわれ、５月分として前年の約２倍以上の婚姻件数である９万3,128件もの婚姻届出数となりましたが、なかには元号の変わる午前０時から令和婚臨時窓口を設置した市区町村もありました。

SNSやメタバース上でオリジナルアイテムをギフトするなど、オンラインならではの祝福方法を想像してみるのも楽しいかもしれません。

付 録

押さえておきたい
重要用語辞典

住民基本台帳事務担当

外国人登録制度

外国人登録法（昭和27年法律第125号。平成24年7月9日廃止）により実施されていた、外国人の居住関係と身分関係を明らかにするための制度です。市区町村は申請により氏名・居住地・国籍等を外国人登録原票に登録し、登録を受けた外国人に対して「外国人登録証明書」を交付していました。平成24年7月9日から外国人住民に係る住民基本台帳制度と新たな在留管理制度がスタートしたことから、外国人登録制度は同日に廃止されています。

なお、市区町村が管理していた外国人登録原票は、現在法務省本省で管理されており、外国人本人がその内容を確認したい場合には、法務省に対して開示請求を行うことができます。

方書 ｜ かたがき

住基法や住居表示に関する法律での規定はありませんが、地番や住居表示による表記だけでは住所を明らかにできない場合に使用する、集合住宅の建物名や居室番号等のことです。

集合住宅の場合、建物名の表記が部屋によって異なることがないように、「方書台帳」などと呼ばれる台帳により管理することが一般的です。方書に使用する建物名は、当然ながらその建物の所有者や管理者が決めることとなりますが、市区町村によっては建物名を決めた際の届出を義務付けている場合があります。

また、住民票が同住所別世帯となるケースでは、郵便物の配達等を考慮して「○○方」「○○様方」といった方書を用いることもあります。

公用請求

住民票の写し等の請求において、国又は地方公共団体が法令で定める事務の遂行に必要な場合に行う請求（住基法第12条の2第1項）をいいます。公用請求で交付される住民票の写しには、基礎証明事項とされる氏名、生年月日、性別、住所、従前の住所、住民日、住定日、届出日が記載されます。続柄、本籍等の記載が必要な場合は、その旨を請求しなければなりません（これを「特別の請求」といいます。）。ただし、個人番号と住民票コードは、特別の請求があっても記載することはできません。

手数料については、手数料条例上、無料としている場合が多くみられます。

CS

住基ネットにおいて、既存住基システムと住基ネットとの橋渡しをするために市区町村に設置された「コミュニケーションサーバ」のことをいいます。システム構成によってはさらに円滑なデータ連携を実現するため、既存住基システムとCSとの間に「住基ネットゲートウェイサーバ（住基ネットGW)」を設置することもあります。

自動交付機

銀行のATMのように、利用登録をしたカード（請求者識別カード）と暗証番号によって住民票の写しや印鑑登録証明書等が交付できる機械のことです。

住民票の写しは平成２年から、印鑑登録証明書は平成５年から自動交付機で交付できるようになりました。当初は庁舎やコミュニティセンター等の公共施設にしか設置できませんでしたが、平成17年からは駅や商業施設等どこにでも設置が可能となりました。

つり銭の準備や紙の補充を除き無人で運用できるため、窓口が閉まっている時間帯でも証明書の交付が可能となる大変便利な機械ですが、高いセキュリティを備える必要性などの理由から高価なものが多く、導入した市区町村は130団体ほどです。

近年はコンビニ交付の開始に合わせて運用をやめる市区町村も多く、需要の減少を理由に製造を中止したメーカーもあります。

住定日

住民票記載事項である「住所を定めた年月日」のことです。同じ市区町村内で転居をした場合の「現在の住所に住み始めた日」を指します。転居をしたことがない場合は住民票に記載する必要はありませんが、システム上は住民日と同日が記録されているケースもあります。特定の地域の特定の日における人口を求める場合等に使用されます。

住民基本台帳カード

電子政府・電子自治体の基盤として、パソコン・インターネットを通じた電子申請を可能とするもので、市区町村長が住民の申請に基づき交付していたカードのことです。写真付きと写真なしの２種類があり、写真付きは公的な身分証明書として金融機関の窓口等で利用することができます。マイナンバーカードの交付開始により、住民基本台帳カードの交付は平成27年末で終了となりました（交付済みのカードは有効期限まで引き続き有効)。

有料であったこと、電子申請のメニューが少なかったこと等が原因で普及が進まず、平成27年12月31日時点の普及率は約5.6%（約717万枚）にとどまりました。

住民日

住民票記載事項である「住民となった年月日」のことです。外国人住民の場合は外国人住民日と呼ぶこともあります。税や福祉等の他業務では、課税や資格取得の基準日として使用されることが多く、たとえば、住民税の賦課期日は1月1日ですが、これは住民日がその年の1月1日以前であるか（1月1日現在住民であるか）で判断することとなっています。

住民票記載事項証明書

住民票に記載をした事項に関する証明書（住基法第12条第1項）ですが、住民票の写しとの違いは、請求者が必要とする事項のみを証明することができる点です。たとえば、住民票の写しでは性別や生年月日を省略することはできませんが、住民票記載事項証明書では性別や生年月日を省略することが可能です。

最近ではプライバシーに配慮して、住民票の写しではなく住民票記載事項証明書を求める企業等も多く、あらかじめ住所や氏名など必要な事項のみを記載した書式を用意するケースも多くみられます。このケースでは、請求者が持参した当該書式に認証文の記載と公印の押印により証明します。このような証明も住民票記載事項証明書です。

住民票コード

住基ネットの導入により住民票記載事項となった11桁の番号のことです。住民が初めて住民基本台帳に記載される際に、J-LISがあらかじめ市区町村ごとに指定した番号のなかから一つを選んで付番（記載）します。住民一人ひとりに一つの番号が付番されること（悉皆性《しっかいせい》）、全員が唯一無二の異なる番号を持っていること（唯一無二性）は、マイナンバーと同じです。逆に、住民の請求によりいつでも変更できること、民間利用ができないことが、マイナンバーと異なる点となります。

職務上請求

事件又は事務を受任した弁護士、司法書士、土地家屋調査士、税理士、社会保険労務士、弁理士、海事代理士又は行政書士を「特定事務受任者」といい、特定事務受任者が行う第三者請求をその他の第三者請求と区別して「職務上請求」といいます。第三者請求の一種のため、住民票の写しに記載できる事項は基礎証明事項のみです。

職務上請求は、弁護士会等の特定事務受任者が所属する会が発行した「職務上請求書」と呼ばれる専用の用紙によって行われます。

職権消除｜しょっけんしょうじょ

住基法では、死亡届、失踪宣告届等の戸籍に関する届出に基づくものを含んだ「職権による住民票の消除（住基法施行令第12条第1項及び第2項）」を指しますが、実務上は住基法第34条に基づく調査（実態調査）の結果行われる「職権による住民票の消除（住基法施行令第12条第1項）」を指します。

職権消除は、実際には住んでいない（これを「不現住」といいます。）のに住民票が存在することで起こる不都合な事柄を解消するために行われます。たとえば、国民健康保険の被保険者が不現住の場合、納付される見込みのない保険料が発生してしまうため、国民健康保険担当課からの申し立てによって実態調査を行い、当該被保険者の住民票を職権により消除する場合などがあります。

除票

消除した住民票や消除した戸籍の附票のことを、一般的に「除票」といいます。除票に関する証明書は、除票ではない住民票や戸籍の附票に準じて取り扱うこととなりますが、除票は保存期間が定められているため、保存期間を経過した除票については、保存期間が終了したものとして証明書を交付しない場合があります。

請求者識別カード

請求者を識別するための磁気ストライプ又はICチップを付したカードで、市区町村長が住民の申請に基づいて交付します。磁気ストライプのカードは「○○市民カード」などと呼ばれ、印鑑登録証を交付する場合は印鑑登録証がその機能を兼ねる場合が多くみられます。

また、自動交付機やコンビニ交付において住基カード又はマイナンバーカードを用いる場合は、住基カード又はマイナンバーカードが請求者識別カードとなります。

第三者請求

住民票の写し等の請求において、本人又は本人と同じ世帯の者以外の者からの申出（住基法第12条の3第1項）をいいます。住基法上は「申出」ですが、便宜上「請求」と呼んでいます。申出ができるのは、①自己の権利を行使し、又は自己の義務を履行するために住民票の記載事項を確認する必要がある者、②国又は自治体に提出する必要がある者、③その他住民票の記載事項を利用する正当な理由がある者、に限られます。第三者請求で交付される住民票の写しには基礎証明事項のみが記載され、それ以外の事項については記載することはできません。

地方公共団体情報システム機構

地方公共団体情報システム機構法（平成25年法律第29号）によって設立された地方共同法人のことです。略称はJ-LIS《ジェイリス》。所在地は東京都千代田区一番町25番地。法人番号は3010005022218。

住基ネットの運営、公的個人認証サービスの提供のほか、通知カード及びマイナンバーカードの発行、自治体中間サーバー・プラットフォームの運営等を行っています。

住基ネットはJ-LISの前身である財団法人地方自治情報センター（LASDEC）から、公的個人認証サービスは一般財団法人自治体衛星通信機構（LASCOM）から承継しました。

転出証明書

転入届に添付する書類で、氏名、生年月日、性別、世帯主の氏名及び続柄、戸籍の表示、個人番号、住民票コード、住所、転出先及び転出の予定年月日、国民健康保険・後期高齢者医療・介護保険・国民年金・児童手当の資格の有無が記載されたものです。交付は転出届があったときに行います。転出証明書を紛失した場合には再交付を受けることができますが、転出予定日から14日を経過すると職権により住民票が消除されるため、この場合は再交付ではなく、「転出証明書に準ずる証明書」又は消除した住民票の写しを交付します。

転出証明書には、住民票の写しなどと同じく改ざん防止用紙が使われることが多くみられます。

転入届の特例（住基法第24条の2第1項及び第2項）の適用を受ける者に対しては、住基ネットを通じて転入地市区町村長へ必要な事項を通知するため、転出証明書の交付は必要ありません。

統合端末

従前のCS端末（CSと通信し業務を行うための端末）の機能と、公的個人認証サービスの受付窓口端末の機能を統合した端末のことです。住基ネットのマイナンバー対応により機能が統合されました。CSに接続する端末は、すべて統合端末となります。

本人確認情報

住民票記載事項のうち、氏名、生年月日、性別、住所、個人番号、住民票コードと、転入等の事由及びその年月日で、住基ネットを通じて市区町村から都道府県、又は都道府県からJ-LISに通知される情報のことです（住基法第30条の6第1項及び第2項）。

記録・保存している都道府県又はJ-LISに対して、誰でも書面により自己の本人確認情報の開示を請求することができます。

戸籍事務担当

受付

提出された戸籍届書等を事実上受領する行為のことです。

氏

氏は戸籍法上個人を特定するための呼称であると同時に、個人をいずれの戸籍に記載するかを決定するための基準となります。

たとえば、嫡出子は、父母の氏を称し、嫡出でない子は、母の氏を称すると民法において定められています。そして、嫡出子は父母の戸籍に入籍し、嫡出でない子は母の戸籍に入籍すると定められています。

親子同氏同一戸籍の原則

戸籍は、一組の夫婦とこれと氏を同じくする子ごとに編製します。配偶者がなく同じ氏を持つ子がいる場合は、その親と子ごとに編製します。

改製原戸籍簿

法令や省令等の改正により、戸籍簿の様式が変更された場合に戸籍の書き換えを行いますが、書き換える前の戸籍を改製原戸籍といいます。現在戸籍の滅戸籍と区別するために「はら戸籍」と呼ぶこともあります。改製原戸籍の証明は、改製原戸籍謄本、改製原戸籍抄本等があります。改製原戸籍の保管は、紙で保管している場合とイメージデータとして、コンピュータに保管しているものがあります。

戸籍簿

夫婦及びこれと氏を同じくする子ごとに編製されたものです。戸籍簿の証明としては、戸籍謄本、戸籍抄本、戸籍全部事項証明書、戸籍個人事項証明書等があります。なお、現在、戸籍簿は紙による帳簿のほか、磁気ディスク、すなわちコンピュータにより編製されたものがあります。

三代戸籍禁止の原則

戸籍は、一の夫婦と氏を同じくする子ごとに編製されます。したがって、祖父母、父母、子と三代にわたる戸籍は編製されません。

受理

受理とは、受付や受領と異なり、受け付けされた届書類を法令に定める要件について審査し、適法であるとして受付を任用する行政処分をいいます。受理することによって、法的効果が発生します。

準正嫡出子

嫡出でない子として扱われていたが、父の認知及び父母の婚姻により、嫡出子としての身分を与えられた子のことです。

除籍簿

一つの戸籍に在籍する者の全員が死亡、転籍、婚姻により除かれた場合に、その戸籍は、戸籍から除籍に変わります。その除籍をつづる帳簿のことです。除籍簿による証明としては、除籍謄本、除籍抄本、除籍全部事項証明書、除籍個人事項証明書等があります。除籍は、磁気ディスク、すなわちコンピュータにより編製された戸籍が除籍になったものと、古くからの紙の戸籍が除籍になったものがあります。

紙の除籍簿の保管は、そのまま紙の帳簿として保管している場合と、イメージデータとして、コンピュータに保管しているものがあります。

親族

血縁等一定範囲の身分関係にある者の相互関係をいい、民法では六親等内の血族、配偶者、三親等内の姻族と定められています。

創設的届出

届出をすることによって、一定の身分関係が発生、変更、消滅するような身分行為（婚姻や協議離婚等）に関する届出をいいます。

なお、戸籍法第62条の出生届、すなわち認知の効力を有する出生届出のように報告的届出の性質と創設的届出の性質の両方を併せ持った届出もあります。

嫡出子

母の夫を生理上の父として、父母の法律上の婚姻中に生まれた子、又は婚姻中に懐胎した子のことです。

嫡出でない子

法律上の婚姻関係にない男女間の出生子のことです。

届出義務者

報告的届出について、届出をすべき者が法令上定められており、その者が当該届出をすべき義務がある者となります。

届出義務者は、法定の届出期間を経過して届出をすると懈怠《けたい》の責任が発生します。

届出事件本人

出生、婚姻等の届出そのものを「事件」といいます。出生届の出生子や死亡届の死亡者などのように、特定の戸籍届出事件の当事者、すなわち、当該届出事件の主体となる者を「事件本人」といいます。

筆頭者

戸籍法第 14 条では、戸籍に記載する順序が定められており、その順序に従い記載された者のうち、最初に記載された者をいいます。

また、本籍と筆頭者の指名をもって戸籍を特定します。

なお、旧法戸籍の戸主とは異なり、身分法上特別の地位は有しません。

夫婦同氏の原則

夫婦は、婚姻の際、婚姻後の氏を夫の氏又は妻の氏のどちらか一方の氏に定めなければならないとされています。

夫婦別姓の論議もありますが、現在のところ夫婦別姓は認められていません。

報告的届出

届出のうち、すでに発生した事実（出生や死亡）や裁判により確定した身分関係（裁判離婚等）の届出をいいます。報告的届出は、届出義務者と届出期間が定められています。

法定代理人

本人の意思に基づかないで、直接法令の規定によって代理権が与えられている者のことです。

本籍

人の戸籍の所在場所をいいます。本籍は、日本の領土内であればどこにでも置くことができ、その本籍の表示方法は、その場所を表す行政区画、土地の名称、土地の地番号もしくは住居表示の街区符号で表示します。

編著者紹介

住民窓口研究会

○研究会代表

遠藤芳行／大田区福祉部福祉管理課調整（福祉システム）担当係長（課長補佐）

長く情報システム部門や業務部門にて住基、戸籍、税、福祉などの住民情報系システムの運用を担当する一方で、システム運用視点から情報セキュリティや特定個人情報保護評価（PIA）に取り組み、「システム運用おじさん」として庁内各課やベンダーらから一目置かれている（疎まれている？）。
また、全国の国・地方の職員を結び付けるべく座長というニックネームで活動中。最近はポッドキャストなどの配信沼にハマっているらしい。

○住民基本台帳事務

上村州史／松阪市健康づくり課新型コロナワクチン室主任

税務課、介護保険課、障がい福祉課（育児休業6か月）にて延べ16年間で税と社会保障、主夫として生活者の視点を学ぶ。2016年4月から情報政策担当としてマイナンバー情報連携を担当。2017年10月に情報連携NWS本格稼働目前にしておくやみコーナー開設のため戸籍住民課へ異動。2020年秋に「キャッシュレス決済」と「書かない窓口」の運用を開始。さらなる窓口改革へと意気込む2021年5月に異動して現職。

岸本大輝／松阪市環境生活部戸籍住民課記録係

職員課、スポーツ振興課を経て、平成30年度から戸籍住民課に配属となり、住民基本台帳事務を担当。現在は、住基担当ではあるが課のシステム担当として戸籍法改正対応や標準化システム導入に向け日々奮闘をしている。

○戸籍事務

髙橋昌昭／大田区区民部戸籍住民課戸籍住民担当係長（課長補佐）

入庁以来、蒲田東特別出張所、羽田特別出張所、戸籍住民課において、戸籍事務や住民基本台帳事務を担当。現在では、戸籍事務のエキスパートとして、戸籍関係参考書の著作も多く、また、法務省主催の全国の戸籍主管課長中央研修や東京都内、地方協議会で講演や研修講師を行う。また、今後、施行される戸籍法改正に係る戸籍制度研究会、同システムワーキンググループの委員も務める。また、戸籍システム標準仕様書研究会のメンバーとして参加している。

（2022年8月現在）

装丁・本文デザイン・図版作成　工藤公洋
本文 DTP　山本秀一、山本深雪（G-clef）

住民課のシゴト ver.2

令和４年９月20日　第１刷発行
令和６年３月31日　第２刷発行

編　著　住民窓口研究会

発　行　株式会社ぎょうせい

〒136-8575　東京都江東区新木場1-18-11
URL：https://gyosei.jp

フリーコール　0120-953-431
ぎょうせい　お問い合わせ　検索　https://gyosei.jp/inquiry/

〈検印省略〉

印刷　ぎょうせいデジタル株式会社

ISBN978-4-324-11149-9
(5108803-00-000)
〔略号：住民シゴト2〕